Printed in the USA
CPSIA information can be obtained
at www.ICGtesting.com
CBHW070826201124
17651CB00015B/573

9 789358 727258

ہاجرہ مسرور:
اردو افسانے کا تابندہ نام

(مضامین)

مرتبہ:
سید حیدرآبادی

© Taemeer Publications LLC

Hajra Masroor - Urdu Afsane ka taabinda naam
by: Syed Hyderabadi
Edition: October '2024
Publisher :
Taemeer Publications LLC (Michigan, USA / Hyderabad, India)

ISBN 978-93-5872-725-8

مرتب یاناشر کی پیشگی اجازت کے بغیر اس کتاب کا کوئی بھی حصہ کسی بھی شکل میں بشمول ویب سائٹ پر اَپ لوڈنگ کے لیے استعمال نہ کیا جائے۔ نیز اس کتاب پر کسی بھی قسم کے تنازع کو نمٹانے کا اختیار صرف حیدرآباد (تلنگانہ) کی عدلیہ کو ہو گا۔

© تعمیر پبلی کیشنز

کتاب	:	**ہاجرہ مسرور : اردو افسانے کا تابندہ نام**
مرتب	:	**سید حیدرآبادی**
صنف	:	تحقیق و تنقید
ناشر	:	تعمیر پبلی کیشنز (حیدرآباد، انڈیا)
سالِ اشاعت	:	۲۰۲۴ء
صفحات	:	۶۴
سرورق ڈیزائن	:	تعمیر ویب ڈیزائن

فہرست

(۱)	ہاجرہ مسرور کی افسانہ نگاری اور سوانح	۔	6
(۲)	ہاجرہ مسرور کی یاد میں	آصف فرخی	12
(۳)	ہاجرہ مسرور کا ملمع، ہمارے معاشرے کا عکاس	عفیفہ شاہوار	20
(۴)	ہاجرہ مسرور نے اپنی کہانیوں میں معاشرتی بے حسی پر	۔	23
(۵)	ہاجرہ مسرور: آخری اسٹیشن آگیا	زاہدہ حنا	26
(۶)	ہاجرہ مسرور: ہنگامہ آرائی سے خاموشی تک	انتظار حسین	32
(۷)	ہاجرہ مسرور: اب نہ دنیا میں آئیں گے یہ لوگ	فضہ پروین	36
(۸)	ہاجرہ مسرور کی افسانہ نگاری	شمس الحق قمر	44
(۹)	ہاجرہ مسرور: ایک اور باغی، ایک اور سفر	مختار آزاد	60

ہاجرہ مسرور کی افسانہ نگاری اور سوانح

-

ہاجرہ مسرور ۱۷ جنوری ۱۹۲۹ء کو لکھنو میں پیدا ہوئیں۔ اُن کے والد ڈاکٹر تہور احمد خان اتر پردیش کے مختلف قصبات میں متعین رہے۔

اسی لیے ہاجرہ مسرور ان قصبات کے مختلف اسکولوں میں زیر تعلیم رہیں۔ والد کے اچانک انتقال کی وجہ سے باقاعدہ سلسلہ تعلیم منقطع کرنا پڑا لیکن نجی طور پر علم حاصل کرنے کا سلسلہ جاری رہا۔ ہاجرہ مسرور نے کم عمری سے افسانہ نگاری شروع کر دی تھی۔ انھوں نے مسلم لیگ کے خواتین گروپ کی تنظیم کی۔ قیام پاکستان کے بعد اپنے خاندان کے ساتھ لاہور منتقل ہو گئیں۔

احمد ندیم قاسمی کے ساتھ مل کر نقوش کی ادارت کے فرائض سر انجام دیے۔ احمد علی خان کے ساتھ شادی ہوئی۔ ہاجرہ مسرور کو مجلس فروغ اُردو قطر کی جانب سے عالمی اردو ایوارڈ ۲۰۰۵ء سے نوازا گیا۔ افسانوی مجموعے: ☆ سب افسانے میرے۔ لاہور : مقبول اکیڈمی ، ۱۹۹۱ء

ہاجرہ مسرور کی ابتدائی دور کی تخلیقات میں اکثر جگہوں پر بصیرت اور ژرف نگاہی کا ثبوت ملتا ہے۔

خدیجہ مستور کی نسبت ان کے ہاں نو مشقی کے اس دور میں وفور جذبات سے

مغلوب ہو کر محبت کی ناکامیوں، رومان انگیزی اور کچی عمر کے جذبات کی عکاسی کم ہے۔ ان کے ہاں ترقی پسند تحریک سے نظریاتی اور عملی تعلق کی بنیاد پر سماجی حقیقت نگاری کے نمونے ملتے ہیں۔

وہ زندگی کے مختلف الم ناک پہلو، ناتمام حسرتیں، معاشی ناہمواری، معاشرتی جبر کی مختلف النوع صورتیں پیش کرتی ہیں۔ ہاجرہ مسرور کی افسانہ نگاری کے اس دور میں جنسی جذبات و خواہشات کی عدم تکمیل، جنسی گھٹن کے نتائج دکھانے کے ساتھ انسان کی شعوری اور لاشعوری کیفیات کے محرکات دکھائے گئے ہیں۔ ہاجرہ مسرور کا انداز نگارش کچھ مواقع پر جذباتیت سے لبریز ہے۔

روزمرہ زندگی کے مسائل پیش کرتے ہوئے رقت آمیز لب ولہجہ نظر آتا ہے۔ ہاجرہ مسرور نے جس دور میں افسانہ نگاری شروع کی اُس دور میں ادب کے میدان میں خواتین کا محدود گروہ نظر آتا ہے۔

ڈاکٹر رشید جہاں اور عصمت چغتائی کے بعد خدیجہ مستور اور ہاجرہ مسرور کا نام اہمیت کا حامل ہے۔ عصمت چغتائی کے افسانوں میں جنس کا موضوع اہم رہا ہے۔ ان کے لب و لہجے میں نڈر پن، بے باکی اور جرات ہے۔ ہاجرہ مسرور کے ابتدائی دور کے افسانوں میں انداز بیاں اور موضوعات پر عصمت چغتائی اور ترقی پسند تحریک کے اثرات دیکھے جاسکتے ہیں۔

خصوصاً "چراغ کی لو" پر پریم چند کے کفن کے اثرات نظر آتے ہیں۔ "غریبوں کو امیروں کی برابری کرنے کا بس ایک ہی تو موقع ملتا ہے۔ دنیا میں اور وہ مرنے کے بعد امیروں کی برابری کرلیں" ہاجرہ مسرور معاشرے کے سنگین المیوں اور اپنے دور کے معروضی حقائق کو پیش کرتی ہیں۔ ان کے ہاں نچلے طبقے کی ذہنی پسماندگی، افلاس، ناداری

اور بھوک کے مرقعے نظر آتے ہیں۔ غربت کے ہاتھوں مرد اپنی بیوی کو اشیائے صرف کی طرح دوسروں کو استعمال کرنے کی اجازت دینے پر مجبور ہے۔

"لیکن بھوک کا نشہ صاحب کی پی ہوئی شراب کے نشے سے کہیں زیادہ مدہوش گن تھا نتھو بہک بہک کر سوچ رہا تھا کہ آخر اس میں حرج ہی کیا ہے۔ اگر اپنے جسم کا کپڑا ذرا دیر کو کسی دوسرے نے بھی پہن لیا۔ معاوضے میں اپنے دام بھی کھرے ہو گئے اور کپڑا تو پھر اپنا ہی ہے۔" ۱۳۷

ہاجرہ مسرور کے ہاں سماجی زندگی سے تعلق رکھنے والے دیگر موضوعات بھی زیر بحث آئے ہیں۔ بے جوڑ شادیوں کا مسئلہ اس دور میں بہت اہم تھا۔ بے جوڑ شادی کے نتیجے میں دینی اور عملی مشکلات ان کا موضوع ہیں۔ لوگ اپنی بیٹیاں بدصورت اور پختہ عمر مردوں کے ساتھ بیاہ دیتے تھے۔ اس پر مستزاد وہ معاشرہ جو ضعیف الاعتقادی اور توہم پرستی کا شکار تھا۔ اس میں غلط رسوم ورواج کو فروغ دینے اور عورت کی زندگی کو اندھیر نگری میں بدلنے والے ذمہ داروں کی فہرست لمبی ہے۔ لیکن سرفہرست مذہب کو سمجھنے اور سمجھانے کا دعوے کرنے والے نام نہاد مذہبی لوگ ہیں۔ ہاجرہ مسرور کے افسانوں تھپڑ نیلم، اور اندھیرے میں۔ ملائیت کے پردے میں عورت کا استحصال کرنے والے بے حس لوگوں پر طنز و تنقید کی گئی ہے۔ ہاجرہ مسرور کے افسانوں میں جنس کا موضوع اہم رہا ہے۔ مرد و زن کی جنسی و جبلی ضرورتیں اور ان سے انحراف پیش کیا گیا ہے۔ خاص طور پر ان کا موضوع عورت کی جنسی نفسیات، گھٹن اور فطری ضرورتوں کا پورا نہ ہونا ہے۔

عورت کا جسمانی استحصال اور ہم جنسیت کا رجحان "کمینی"، "تل اوٹ پہاڑ" اور "بندر کا گھاؤ" میں نظر آتا ہے۔ ڈاکٹر فردوس انور قاضی ہاجرہ مسرور کے افسانوں پر تنقید

کرتے ہوئے لکھتی ہیں:

"ان کے افسانوں کے کردار بالعموم گھٹیا، پست اور بعض معنوں میں لایعنی ہیں۔ جنسی پس منظر میں ہاجرہ کسی قسم کے مسائل سامنے لاتی ہیں اور نہ ان مسائل کا حل ان کے افسانوں کے ذریعے اُبھرتا ہے۔

جن مسائل کا تذکرہ ان کے افسانوں میں موجود ہے وہ بالعموم اخباری خبروں، جنسی اسکینڈل اور سنسنی خیز قسم کی جنسی خبروں کو بنیاد بنا کر افسانہ لکھتی ہیں۔ اس قسم کے افسانوں میں زندگی کا گہرا شعور یا کسی قسم کے جذبہ کی سچائی بالعموم مفقود ہوتی ہے۔"۱۳۸

ہاجرہ مسرور کے افسانوں میں بچوں کی نفسیات کا تجزیہ کیا گیا ہے۔ ان کے ہاں دور بلوغت سے قبل، بزرگوں کی مہم اور اشاروں کنایوں پر مبنی گفتگو اور پُر اسرار حرکتوں کے مشاہدے کے نتیجے میں وقت سے پہلے جنسی بیداری اور ذہنی پختگی کی طرف اشارہ ملتا ہے۔

"ہائے اللہ" کی نھنی اس کی جیتی جاگتی مثال ہے۔ "دلدل" کی ننھی کے معصوم ذہن میں بچوں کی پیدائش اور ابا اور اماں کی حرکات و سکنات سے متعلق سوال پیدا ہوتے ہیں۔ "معصوم محبت" کی "منیر" صلو بھیا میں غیر معمولی دلچسپی دکھاتی ہے۔

ہاجرہ مسرور کے افسانوں میں زیادہ تر نسوانی کردار نظر آتے ہیں۔ ان کے ہاں مسلم معاشرے میں بسنے والی عورت کی کرب ناک زندگی کے مختلف زاویوں کی عکاسی تواتر سے کی گئی ہے۔ سماجی تضادات، عورت کی دل آزاری، حق تلفی اور احساس محرومی کا باعث بنتے ہیں۔ عورت ذہنی و جسمانی تشدد برداشت کرتی اور مغلظات سنتی ہے۔ اس کا کردار داغ دار کیا جاتا ہے۔ مشرقی معاشرے نے مرد کی عورت کے مقابلے میں جسمانی اعتبار سے فضیلت کو ہر حوالے سے برتری میں تبدیل کر دیا ہے۔

"۔۔۔تم عقل کو ساتھ لے جاؤ عقیل بچہ ہی سہی لیکن ہے تو لڑکا۔ بس یہی ان کی بات تو مجھے زہر معلوم ہوتی ہے جانے وہ لڑکیوں کو کیا سمجھتی ہیں۔ میں نے ان سے پوچھا کہ میں کیا کوئی لڈو پیڑا ہوں جو کوئی کھالے گا اور عقیل کو دیکھ کر ڈر کے مارے اُگل دے گا" ۱۳۹

ازدواجی زندگی میں عورت رفاقت کے احساس سے محروم ہے۔ عورت کے حقوق سے روگردانی مردانگی کی علامت ہے اسی لیے ہاجرہ مسرور کے افسانوں کا نسوانی کردار کہتا ہے: "مرد اور ظالم لازم وملزوم ہے۔" ۱۴۰

تعصبات کے امیر معاشرے میں عورت کی حیثیت گوشت پوست کے جیتے جاگتے ایسے ذی روح کی طرح ہے جو احساسات وجذبات، عقل و فہم اور قوت فیصلہ سے عاری ہے۔ عورت صرف افزائش نسل اور جنسی تلذذ کا ذریعہ بن سکتی ہے۔ اس کی زندگی فرائض اور یکسانیت کے بوجھ تلے دبی ہوئی ہے۔ اس کے باوجود وہ وفاشعاری کی قوت سے مالامال ہے۔

"اری بہن رہنے بھی دے۔ جب تک بچہ رہے باپ بھائیوں کی مار کھائی۔ ہوش سنبھالا، ہنڈیا چوتھے، سینے پرونے میں جوت دیے گئے اور جب جوان ہوئے تو کسی مرد کی خدمت میں لونڈی کی طرح سونپ دیے گئے ٹہل خدمت کی تو صبح شام پیٹ بھر ادر جن آدھ درجن بچے جنے اور پھر ایک دن مر کر چلے گئے۔"

"عورت ایک کٹھ پتلی ہے جس کی ڈور سماج کے کوڑھی ہاتھوں میں ہے اور ان کوڑھی ہاتھوں میں جب چل ہونے لگتی ہے تو ڈور کے جھٹکوں سے یہ کچھ پتکی نچائی جاتی ہے۔ لیکن اگر اس کٹھ پتلی میں جان پڑ جائے اور وہ اپنی مرضی کے مطابق حرکت کرنے لگے تو سماج کالوتھ پڑا ہوا سرانڈ جسم کسی سے دلچسپی لے۔۔۔۔"

ہاجرہ مسرور کا اسلوب، تشبیہات و استعارات اور محاوروں سے مزین ہے۔ ان کے ہاں دہلوی زبان کا چارہ ملتا ہے۔ انھیں عورتوں کی زبان لکھنے پر قدرت حاصل ہے۔ ہاجرہ مسرور کے ہاں کہیں کہیں رومانوی اسلوب بھی نظر آتا ہے۔

"میں عرصے سے اپنی روح پر پیچ بستہ چٹانوں کا سا جمود محسوس کر رہی ہوں اور اب جیسے میری ساکت و منجمد اسی کا ذرہ ذرہ کسی چلتے ہوئے آغوش محبت میں سما کر پگھل جانا چاہتا ہو۔ مجھے محبت چاہیے غیر فانی اور گرم جوش محبت "۱۲۳

ہاجرہ مسرور حسب موقع موزوں تشبیہات کی مدد سے کرداروں کے طرز عمل اور ذہنی کیفیت کو ابھارنے میں مدد لیتی ہیں۔"

"سامنے کے بیچوں پر کتنے ہی مرد بیٹھے ان دنوں کو گھور رہے تھے۔ بالکل اسی طرح جیسے حلوائی کی دکان کے سامنے بازاری کتوں کے گروہ "۱۴۴

ہاجرہ مسرور کے زیادہ تر افسانے بیانیہ کی تکنیک میں لکھے گئے ہیں فلیش بیک کی تکنیک "نیلم" واحد متکلم کی تکنیک "دلدل" اور قارئین سے براہ راست مخاطب ہونے کا انداز "بندر کا گھاؤ" میں ملتا ہے۔

***

ہاجرہ مسرور کی یاد میں

آصف فرخی

سماجی درد مندی، ڈھلے ڈھلائے واقعات، تیز تیکھا انداز بیان، سُلگتے ہوئے موضوعات اور کوچہ و بازار کی رونق کے ساتھ کرداروں کی اندرونی دنیا کی ہلچل۔ یہ سب عناصر اب کتابوں میں ملتے ہیں۔ اس قسم کی باتیں اکثر محض رواروی میں کہہ دی جاتی ہیں لیکن ہاجرہ مسرور کے بارے میں یہ کہنا غلط نہ ہو گا کہ ان کے ساتھ اردو افسانے کا ایک پورا دور ختم ہو گیا۔ اور یہ بات بھی کتابی معلوم ہو گی کہ ایک وقت تھا، اردو افسانے پر بھی "تخلیقی وفور" کا ایک دور آیا (جس طرح لاطینی امریکا کے ناول میں اس دور کے لیے BOOM کا لفظ استعمال کیا جاتا ہے جب مارکیز، ورگاس یوسا، حوزے ڈونوسو، کارلوس فوینتیس اور دوسرے لکھنے والے تواتر سے سامنے آئے۔) اسی دور میں ہاجرہ مسرور اور ان کی بہن خدیجہ مستور نے اوپر تلے لکھنے کا آغاز کیا پھر چھوٹی عمر ہی میں پُختگی حاصل کرلی۔ وقت کے ساتھ اسلوب و موضوعات کی اس پُختگی کا نقش گہرا ہوتا گیا۔ ترقی پسند تحریک کے آدرش ان کے لیے زندہ حقیقت کا درجہ رکھتے تھے اور وہ افسانہ نگاری کو اہم سماجی فریضہ سمجھتی تھیں۔ "تیسری منزل" جیسے یادگار افسانے بھلائے نہیں بھولتے۔ ان کے افسانوں کا نقش دوچند ہو گیا جب سے ملاقات کا موقع ملا۔ لکھنؤ میں قلمی زندگی کا آغاز کرنے اور لاہور میں اسے مستحکم کرنے کے بعد وہ اپنے خاندان کے ساتھ کراچی میں آبسی

تھیں اور ان کو بارہا ادبی محفلوں میں سرگرمی سے شریک ہوتے دیکھنے کا اتفاق ہوا تھا۔ وہ بزرگ کی طرح ملتی تھیں اور شفقت و مہربانی کا برتاؤ کرتی تھیں۔ اپنے ادبی منصب کے بوجھوں تلے مار دینے کی قائل نہیں تھیں۔ مجھے یاد ہے، ہم چند طالب علموں نے ڈاؤ میڈیکل کالج کے ایک جلسے میں ان کو مدعو کیا تھا۔ وہ اس جلسے میں آئیں اور انہوں نے مضمون بھی پڑھا۔ یہ ضیاء الحق کی آمریت کا زمانہ تھا اور وہ ان ادیبوں میں شامل تھیں جن پر سرکاری ٹیلی وژن کے دروازے بند کیے جاچکے تھے۔ ورنہ اس سے پہلے وہ ٹیلی وژن کے لیے کئی کامیاب کھیل لکھ چکی تھیں۔ ان میں غلام عباس کے بعض افسانوں کی ڈرامائی تشکیل بھی شامل تھی۔ خاص طور پر ڈرامہ "سرخ گلاب" مجھے آج بھی یاد ہے۔ اور یہ بات بھی کہ اس کا مسوّدہ غلام عباس نے بہت سنبھال کر اپنے پاس رکھ لیا تھا۔ غلام عباس خود بہت تکمیل پسند تھے اور ان کی پسندیدگی کوئی معمولی بات نہ تھی۔

لگ بھگ اسی زمانے میں جب میں نے افسانہ نگاری کے کوچے میں قدم رکھا تو ہاجرہ آپا نے بڑی اپنائیت اور شفقت کے ساتھ میری حوصلہ افزائی کی۔ مجھے یاد ہے کہ جب انہوں نے پہلی مرتبہ اپنے گھر بلایا تھا تو مجھ سے پوچھا تھا، "تمہیں ہنچ بیک آف نوٹرے ڈیم یاد ہے؟"

پھر خود ہی اس سوال کا مقصد بتایا۔ "اس کی ہیروئن ایزمرلڈا کا نام یاد رکھنا۔ وہی ہمارے اپارٹ منٹ کا نام ہے!"

ناول کی ہیروئن کا یہ ناچتا گاتا حوالہ اس وقت بہت پُر لطف معلوم ہوا تھا لیکن وہ پتہ میں اب تک نہیں بھول پایا۔ حالاں کہ ہاجرہ آپا وہاں سے منتقل ہو کر ڈیفنس سوسائٹی میں اپنی بیٹی کے ساتھ قیام پذیر ہو گئیں۔

ان کے شوہر احمد علی خان ڈان کے ایڈیٹر تھے۔ میں کبھی کبھار "ڈان" میں لکھنے لگا

تھا اور اس اخبار سے وابستہ تمام افراد کے لیے "خاں صاحب" ایک لیجنڈ کی سی حیثیت رکھتے تھے۔ ڈان سے ریٹائرمنٹ کے بعد خاں صاحب بیمار پڑ گئے اور ان کی بیماری نے طول پکڑا تو ہاجرہ آپا کی مصروفیت اور پریشانی بھی بڑھ گئی۔ خاں صاحب کے انتقال کے بعد وہ خاص طور پر اپنے آپ کو تنہا محسوس کرنے لگی تھیں۔ لیکن وہ اس بات کی شکایت نہیں کرتی تھیں، یہ شاید ان کی آن کے خلاف تھا۔

دیکھتے ہی دیکھتے ان کی سرگرمیاں محدود ہوتی چلی گئیں۔ اس کے باوجود وہ کئی مرتبہ ہمارے گھر بھی تشریف لائیں۔ خاص طور پر وہ شام مجھے یاد ہے جب اردو کانفرنس کے مہمان پروفیسر گوپی چند نارنگ، ڈاکٹر شمیم حنفی اور جناب انتظار حسین میرے گھر مدعو تھے۔ وہ گفتگو میں شریک رہیں اور تصویریں بھی کھنچوائیں۔ وہ کچھ نہ کچھ پڑھتی رہتی تھیں اور "دنیازاد" کے ہر نئے شمارے پر اپنا تاثر ظاہر کرتیں۔ انہوں نے فرمائش کرکے نیّر مسعود صاحب اور خالد جاوید کے افسانے پڑھے اور ان کے بارے میں اپنی بے لاگ رائے بھی ظاہر کی۔

کوئی ڈیڑھ دو سال پہلے کی بات ہے، انہوں نے بتایا کہ وہ اپنے ذہن کو تازہ کرنے کے لیے ایک بار پھر چیخوف کے افسانے پڑھ رہی ہیں۔ چیخوف ان کا پسندیدہ افسانہ نگار تھا اور انہوں نے کہا کہ اس کی بات یہ انہیں پسند تھی کہ وہ ڈاکٹر تھا، اس لیے ہر چیز کو clinical detachment کے ساتھ دیکھتا تھا۔ انہوں نے کہا کہ اپنے افسانوں میں وہ بھی اسی کیفیت کو برقرار رکھنا چاہتی ہیں۔ پھر انہوں نے یہ بھی کہا کہ اس detachment کی وجہ سے عام زندگی میں بعض لوگ انہیں سرد مہر سمجھتے ہیں۔

جہاں تک میرا مشاہدہ ہے، ان کے مزاج میں ایک خاص لکھنوّا تکلف تھا۔ وہ بہت رکھ رکھاؤ والی تھی۔ بہت بے تکلف ہو کر چہڑ باتیں کرنا ان کے مزاج کے لیے غیر

ممکن تھا۔ وہ خوش ہو کر ملتی تھیں مگر ان سے جن سے جی چاہے۔ ورنہ reserved رہتی تھیں۔ ایک آدھ مرتبہ ان کو بگڑتے بھی دیکھا۔ آکسفرڈ یونیورسٹی پریس کے زیر اہتمام عصمت چغتائی کی یاد میں پروگرام منعقد ہوا تھا جس میں فہمیدہ ریاض بھی شریک تھیں۔ کچھ عرصہ پہلے ہاجرہ آپا نے اس پروگرام کے بارے میں اخبار کا تراشہ دکھایا تھا جو روزنامہ "ڈان" سے کاٹ کر رکھا ہوا تھا۔

اسی پروگرام کے دوران ان کو برملا اپنے غصّے کا اظہار کرتے ہوئے دیکھا۔ یا پھر ایک اور موقعے پر جب ایک نوجوان نے احمد ندیم قاسمی کے بارے میں یہ کہہ دیا تھا کہ وہ ضیاء الحق حکومت کے دوران اکادمی ادبیات کے سرکاری جلسے میں شریک ہوئے تھے۔ اتنا سننا تھا کہ ہاجرہ آپا بکھر گئیں۔ وہ قاسمی صاحب کے خلاف کہاں سُن سکتی تھیں۔ جواب میں اس نوجوان کو سخت سست کہا اور وہ خاموش سنتا رہا۔ میرے گھر پھر بھی ایک محفل میں انتظار حسین کی موجودگی میں ان کے پرانے افسانے "ٹھنڈی آگ" کی تعریف کی لیکن ترقی پسندوں کے خلاف ان کے تیز فقروں کا جواب دیے بغیر نہیں چھوڑا۔ انتظار حسین بھی ہنستے مسکراتے رہے، کسی بات کا بُرا نہیں مانا۔

ترقی پسند تحریک کے اصولوں سے ان کی وابستگی بہت گہری تھی اور آخر وقت تک قائم رہی۔ وہ اس بارے میں کوئی ایسی بات سننے کے لیے تیار نہیں ہوتی تھیں جس میں ان کو مخالفت کا شائبہ بھی محسوس ہو۔ لیکن میں نے یہ بھی دیکھا کہ وہ اس بارے میں خود محتاط ہو کر گفتگو کرتی تھیں۔ یہاں تک کہ ایک آدھ بار نہیں بلکہ کئی بار انہوں نے اپنے خاندانی پس منظر اور ادبی زندگی کی تفصیلات بیان کیں لیکن قیامِ پاکستان کے بعد ترقی پسند تحریک کی مشکلات اور تنظیمی معاملوں کا محض حوالہ دے کر آگے بڑھ گئیں۔ ممکن ہے کہ انہوں نے مجھ سے ان معاملات کا ذکر ضروری نہ سمجھا ہو۔ ہو سکتا ہے کہ کچھ باتیں ایسی

بھی ہوں جن کا ذکر ان کے لیے خوش گوار نہ ہو، یا وہ ان رازوں سے پردہ نہ اٹھانا چاہتی ہوں۔ بہر حال وجہ جو بھی ہو، ترقی پسند تحریک کے ان دنوں کی ان کہی کہانی وہ اپنے ساتھ لے گئیں۔

ترقی پسندی کے معاملے میں رعایت انہوں نے صرف ممتاز شیریں کو دی۔ ممتاز شیریں نے ان کی کتاب "تیسری منزل" پر مضمون لکھا، وہ ان کو پسند آیا بلکہ جب ان کے تمام افسانوں کا مجموعہ چھپ رہا تھا تو بہت ڈھونڈ ڈھانڈ کے وہ مضمون اس میں شامل کیا۔ انہوں نے مجھے بتایا کہ ان کو ممتاز شیریں سے اس بات کی توقع نہیں تھی کہ ان کے بارے میں لکھیں گی، اس لیے کہ "وہ تو ادھر والی تھیں۔" اس کے باوجود انہوں نے مضمون لکھا اور خوب لکھا۔

شاید افسانہ نگاری کا رشتہ بھی کسی تحریک کے رشتے سے کم نہیں۔ انہوں نے بتایا کہ ممتاز شیریں سے ان کی کوئی خاص ملاقات نہیں تھی۔ اپنے دوستوں اور ساتھیوں میں وہ سب سے بڑھ کر قرۃ العین حیدر اور پھر نثار عزیز بٹ کا ذکر بھی لکھا لیکن یہ کتاب کسی وجہ سے شائع نہیں ہو سکی۔ اور ہاجرہ آپا کو اس بات کا بہت افسوس تھا لیکن خطوط دوبارہ جمع کرنے کی ہمّت نہ رہی تھی۔ اپنے کاغذات کو ترتیب دینے اور محفوظ رکھنے کے لیے وہ اس بات پر تیار ہو گئی تھیں کہ کوئی ریسرچ اسکالر آئے اور ان کی نگرانی میں کام کرے۔ ایک آدھ نام میں نے بھی تجویز کیا مگر وہ ہاجرہ آپا کے معیار پر پورا نہ اتر سکا۔ اور وہ کاغذات یوں ہی بکھرے رہ گئے۔

افسانوں پر رائے زنی کے ساتھ وہ مجھے اپنے مخصوص بزرگانہ انداز میں نصیحت کرتی تھیں کہ افسانے لکھنے کیوں کم کر دیے۔ اور چیزوں میں توجّہ کیوں ہٹ گئی۔ ایسا نہیں ہونا چاہیے۔ افسانے لکھے جانے چاہئیں۔ وہ برابر اس بات پر زور دیے جاتیں۔ صحت کی خرابی

کی وجہ سے آہستہ آہستہ وہ تقریباً گوشہ نشین ہو گئیں۔ اس کے باوجود وہ بات کرتی تھیں تو ان کا بارعب انداز اور طنطنہ قائم تھا۔ وہ اپنے کاغذات کو سمیٹنا چاہتی تھیں۔ خان صاحب کے انتقال کی وجہ سے ان کی خودنوشت ادھوری رہ گئی تھی۔ اس کتاب میں شامل کرنے کے لیے خان صاحب سے ملاقات اور شادی کا احوال انہوں نے رکارڈ کروایا اور جب وہ تحریری شکل میں دیکھا تو پسند کیا۔ اسی طرح وہ اپنے خاندان اور ابتدائی زندگی کے بارے میں بعض تفصیلات ریکارڈ کروانا چاہتی تھیں۔

اسی زمانے میں میری والدہ نے اکادمی ادبیات پاکستان کے لیے خدیجہ مستور کے بارے میں ایک چھوٹی سی کتاب لکھنے پر حامی بھری۔ سوانحی مواد کے حصول کے لیے میں نے کئی بار ہاجرہ آپا سے باتیں پوچھیں اور وہ خوش دلی کے ساتھ بتاتی رہیں۔ وہ اپنی والدہ اور سوتیلے والد کا ذکر بڑے عقیدت و احترام کے ساتھ کرتی تھیں اور اپنی بہن کے لیے ان کی محبّت ان کے لہجے سے ظاہر ہو جاتی تھی۔

ایک مرتبہ میں پی ایچ ڈی کے ایک اسکالر کے ساتھ ان کی خدمت میں حاضر ہوا جو ان کے بارے میں مقالہ لکھ رہے تھے۔ ہاجرہ آپا نے بیماری کے باوجود ان کو بہت سی چیزیں فراہم کیں۔ ان کو اس بات کا قلق تھا کہ ان کے کاغذات خصوصاً خطوط محفوظ نہ رہ سکے۔ خاص طور پر ان کو قرۃ العین حیدر کے خطوط گم ہو جانے کا بہت افسوس تھا۔ انہوں نے یہ بھی بتایا کہ انہوں نے ناول لکھنا شروع کیا تھا اور دو، ڈھائی سو صفحے لکھ کر چھوڑ دیا۔ میں نے اس ادھورے ناول کو دیکھنے کا اشتیاق ظاہر کیا تو انہوں نے ہتّھے پر ٹوک دیا کہ "جب کوئی لکھنے والا یہ فیصلہ کر لیتا ہے کہ فلاں چیز کی اشاعت نہیں ہو گی تو اس کی وجہ وہ خود جانتا ہے!" ان کے خیال میں یہ ناول اس طرح نہ بن سکا تھا جیسا وہ چاہتی تھیں۔

سوانحی حالات رکارڈ کرانے کا منصوبہ بھی رہ گیا کہ ان کی صحت زیادہ خراب رہنے

لگی۔ انہوں نے بتایا کہ بعض دن ایسا لگتا ہے کہ جیسے ذہن نے ساتھ چھوڑ دیا۔ ان کی گوشہ نشینی کی وجہ بڑی حد تک یہی تھی، مردم بے زاری نہیں۔ یہ ضرور ہے کہ وہ اس بات کو بالکل پسند نہیں کرتی تھیں کہ نجی معاملات کُریدے جائیں۔ ڈاکٹر مصطفی کریم لندن سے آئے تو ہاجرہ آپا سے ملنے بھی گئے اور اپنے تاثر کو "دنیازاد" کے لیے ایک مضمون کی شکل میں لکھ دیا۔

ہاجرہ آپا نے مجھے اس مضمون کی اشاعت سے روک دیا کہ اپنی زندگی کے بارے میں تفصیلات خود بتائیں گی۔ ایک موقع پر میں نے انہیں آزردہ سے زیادہ برافرختہ پایا۔ کسی صاحب نے یہ لکھ دیا تھا کہ نوجوانی میں بمبئی کے ایک سفر کے دوران ان کی منگنی طے ہوگئی تھی۔ انہوں نے بڑے دوٹوک الفاظ میں سختی سے ممانعت کی کہ ایسا نہیں ہوا تھا۔ لیکن اس بارے میں قیاس آرائی کا سلسلہ چلنے لگا تو میں نے ان کو اور ان کی بیٹی کو اس بات پر رنجیدہ پایا۔

ان دنوں میں اردو افسانے کے ایک انتخابی سلسلے کے لیے ہاجرہ آپا کے افسانوں کا ترتیب سے مطالعہ کر رہا تھا۔ اس انتخاب میں وہ مدد نہ کر سکیں کیوں کہ وہ اپنے افسانے بھولنے لگی تھیں۔ اور پھر ان کا کہنا تھا کہ لکھنے والے کے لیے اپنا انتخاب مشکل ہوتا ہے، اس لیے کہ وہ ذاتی پسند پر مبنی ہوتا ہے۔ ان سے جو ملاقات آخری ثابت ہوئی، اس میں انہوں نے افسانوں کے بجائے لوگوں کی قیاس آرائی کے معاملے کا ذکر بہت ناپسندیدگی کے ساتھ کیا۔ اس سے پہلے کسی نے یہ بات خدیجہ مستور کے حوالے سے کہہ دی تھی۔

وہاں سے میں بوجھل دل لیے واپس آیا اور یہ سوچتا رہا کہ ان کے ماضی میں سے ایک اسکینڈل نکال لیا گیا ہے اور اس بارے میں انٹرنیٹ پر اور دو ایک رسالوں میں قیاس آرائی ہو رہی ہے۔ لیکن اصل اسکینڈل شاید یہ ہے کہ اتنی بڑی افسانہ نگار اس شہر میں

زندہ موجود ہیں اور لوگ انہیں جیتے جی بھول گئے ہیں، آج ڈھونڈنے نکلیں تو بازار میں ان کی ایک آدھ کتاب بھی دستیاب نہیں۔ ان کو یاد رکھنے کا یہ کون سا طریقہ ہے!
اس کے بعد ان کی طبیعت اتنی بگڑ گئی کہ بات کرنا اور ملنا چلنا بھی محال ہو گیا۔ تھوڑے دن بعد ان کی سناؤنی آ گئی۔ افسانہ بنتے بنتے وہ خبر بن گئیں۔

❋ ❋ ❋

ہاجرہ مسرور کا ملمع، ہمارے معاشرے کا عکاس

عفیفہ شاہوار

دسویں کی اردو کتاب کے صفحہ نمبر ساٹھ پر سبق "ملمع" میں ہاجرہ مسرور نے ہمارے معاشرے کے تصنع، اندھی تقلید اور مکروہ چہرے کی بے مثال عکاسی کی ہے۔

لکھتی ہیں؛

"امی جان نے جانے کب سے تین روپے جوڑ رکھے تھے سو نکال کر دیے کہ تم عقیل کو ساتھ لے کر چلی جاؤ عقیل بچہ ہی سہی لیکن ہے تو لڑکا۔ بس یہی ان کی بات تو مجھے زہر معلوم ہوتی ہے۔ جانے وہ لڑکیوں کو کیا سمجھتی ہیں۔

میں نے ان سے پوچھا کہ میں کیا کوئی لڈو پیڑا ہوں، جو کوئی کھالے گا اور عقیل کو دیکھ کر ڈر کے مارے اگل دے گا۔ آخر سلمی اور رضیہ بھی تو لڑکیاں ہیں۔ کیسے مزے میں تنہا سفر کیا کرتی ہیں۔ اس پر انھوں نے کہا کہ بھئی! وہ بڑے آدمی کی لڑکیاں ہیں۔ میں نے جواب دیا: واہ! تب تو انھیں بلا مبالغہ ایک درجن نوکروں کے جھرمٹ میں سفر کرنا چاہیے چونکہ ہم غریب ہیں، اس لیے ایک ہی کا سفر خرچ نکلنا مشکل ہے۔ کجا ایک ننھے محافظ کے ساتھ جس کی حفاظت خود مجھ پر فرض ہو گی۔ غرض گھنٹوں ان سے بحث کی، تب کہیں جا کر عقیل صاحب کے پہرے سے نجات ملی"۔

ہمارے ہاں لڑکی چاہے جتنی بھی پڑھ لکھ جائے اس کی حفاظت کا تصور گھر کے مرد

یعنی باپ، بھائی یا پھر شوہر سے جڑا ہوا ہے جس کا اطلاق چھوٹے موٹے معاملات سے لے کر مذہبی فرائض کی ادائیگی تک پھیلا ہوا ہے اور عام طور پر اس میں عورت کی عمر کی بھی قید نہیں۔ مثال کے طور پر آپ دیکھ لیں کہ ابھی کچھ عرصے تک کچھ عمر رسیدہ خواتین حج یا عمرہ پر اس لئے نہیں جا پاتی تھیں کہ ان کے لئے محرم کی شرط پوری کرنا ممکن نہیں ہوتا تھا۔ مگر اب کچھ عرصہ پہلے اس شرط میں نرمی کر دی گئی ہے۔

گھر سے نکلتے وقت چھوٹے بھائی کو ساتھ لے جانے پر کردار کی تلملاہٹ کے ذریعے مصنفہ ہمیں معاشرے کے دوہرے معیاروں سے متعارف کراتی ہیں جو غریب کی بیٹی کے لئے الگ اور امیر کی بیٹی کے لئے الگ ہیں۔ یعنی یہ رسم و رواج کا چابک بھی صرف متوسط اور غریب کے لئے ہے۔ اوپر والی کلاس تو جو کرے وہ ان کی ادا ٹھہرتا ہے۔ ان کا غلط بھی غلط نہیں ہوتا۔ طبقاتی ناہمواری کی جس طرح عکاسی ہاجرہ مسرور کے ہاں ملتی ہے اس سے عمدہ شاید ہی کہیں ملتی ہو۔

ہمارے ہاں خواتین کا تحفظ ہمیشہ ایک مسئلہ ہی رہا ہے جس کو سلجھانے کے لئے عام طور پر خواتین ہی پر مزید پابندیاں لگا کر اس کو حل کرنے کی کوشش کی گئی ہے کیونکہ اس کو زیادہ تر مذہب کے نقطہ نظر سے دیکھا اور جوڑ دیا جاتا ہے اور ہمارے ہاں مذہبی شدت پسندی اس قدر ہے کہ اس موضوع پر قلم یا آواز اٹھانا جوے شیر لانے کے مترادف ہے۔

اگر اس ملمع کاری کو ہم موجودہ حالات کے تناظر میں دیکھیں تو حالیہ قومی سلامتی پالیسی میں خواتین کے تحفظ کی بات کی گئی ہے اور ماضی کی طرح اس کو پالیسی کا حصہ بنایا گیا ہے مگر افسوس کہ ہمارے ہاں پہلے سے موجود قوانین کی عملداری کا فقدان ہے کیونکہ قوانین بنانے والے اور اس پر عملدرآمد کرانے والے ماضی کی فرسودہ روایات، خاندانی

رسم و رواج اور اندھی معاشرتی تقلید میں ابھی تک جکڑے ہوئے ہیں اور بہت سارے لوگ غلط کو غلط سمجھنے کے باوجود اس سے مفر حاصل نہیں کر پائے۔ اور نہ جانے کب تک یہ سلسلہ چلتا رہے۔ اس کے بارے میں مولانا ابوالکلام آزاد غبار خاطر میں لکھتے ہیں؛

"انسان کی دماغی ترقی کی راہ میں سب سے بڑی رکاوٹ اس کے تقلیدی عقائد ہیں۔ اسے کوئی طاقت اس طرح جکڑ بند نہیں کر سکتی، جس طرح تقلیدی عقائد کی زنجیریں کر دیا کرتی ہیں۔ وہ ان زنجیروں کو توڑ نہیں سکتا، اس لیے کہ توڑنا چاہتا ہی نہیں۔ وہ انہیں زیور کی طرح محبوب رکھتا ہے۔ ہر عقیدہ ہر عمل، ہر نقطہ نگاہ، جو اسے خاندانی روایات اور ابتدائی تعلیم و صحبت کے ہاتھوں مل گیا ہے، اس کے لیے ایک مقدس ورثہ ہے۔ وہ اس ورثہ کی حفاظت کرے گا مگر اسے چھونے کی جرات نہیں کرے گا۔ بسا اوقات موروثی عقائد کی پکڑ اتنی سخت ہوتی ہے کہ تعلیم اور گرد و پیش کا اثر بھی اسے ڈھیلا نہیں کر سکتا تعلیم دماغ پر ایک نیا رنگ چڑھا دے گی لیکن اس کی بناوٹ کے اندر نہیں اترے گی۔ بناوٹ کے اندر ہمیشہ نسل، خاندان اور صدیوں کی متوارث روایات ہی کا ہاتھ کام کرتا رہے گا۔"

***

ہاجرہ مسرور نے اپنی کہانیوں میں معاشرتی بے حسی پر گرفت کی

-

"عورت ایک کٹھ پتلی ہے جس کی ڈور سماج کے کوڑھی ہاتھوں میں ہے اور ان کوڑھی ہاتھوں میں جب چُل ہونے لگتی ہے تو ڈور کے جھٹکوں سے یہ کٹھ پتلی نچائی جاتی ہے۔"

یہ سطور ہاجرہ مسرور کے قلم سے نکلے ہیں جنھیں خواتین کے حقوق کی علم بردار بھی کہا جاتا ہے۔ اردو کی اس ممتاز افسانہ نگار نے زندگی کے مختلف روپ اور پہلوؤں کو عورت کی نظر سے دیکھتے ہوئے ہمارے سامنے پیش کیا۔

ہاجرہ مسرور نے ۱۵ ستمبر ۲۰۱۲ء کو کراچی میں وفات پائی۔ ان کا تعلق لکھنؤ سے تھا جو قیامِ پاکستان کے بعد ہجرت کر کے لاہور پاکستان آگئی تھیں۔ بعد میں کراچی منتقل ہو گئیں اور اسی شہر میں زندگی کا سفر تمام ہوا۔

ہاجرہ مسرور ۱۷ جنوری ۱۹۲۹ء کو پیدا ہوئیں۔ ان کے والد ڈاکٹر تہوّر احمد خاں برطانوی فوج میں ڈاکٹر تھے۔ ہاجرہ کم عمری میں والد کے دستِ شفقت سے محروم ہو گئیں اور ان کا کنبہ مالی مسائل کا شکار ہو گیا۔ انھوں نے والدہ کو سخت محنت اور کٹھن حالات کا مقابلہ کرتے دیکھا۔ تاہم بچّوں کی تربیت اچھے انداز سے کی اور یہ گھرانا علم و ادب کے

حوالے سے پہچانا گیا۔ انھیں شروع ہی سے مطالعہ کی نعمت اور سہولت میسر رہی جس نے ان کی تخلیقی صلاحیتوں کو جلا بخشی۔

ہاجرہ مسرور کی بہنیں خدیجہ مستور اور اختر جمال بھی اُردو کے معروف ادیبوں میں شمار ہوئے۔ ان کے ایک بھائی توصیف احمد صحافت سے وابستہ رہے جب کہ ایک اور بھائی خالد احمد کا شمار اپنی نسل کے ممتاز شاعروں میں ہوتا تھا۔

وہ قیام پاکستان کے بعد لاہور آئیں تو یہ شہر ادبی سرگرمیوں کا مرکز تھا اور اس وقت تک ہاجرہ بطور کہانی کار اور افسانہ نگار اپنا سفر شروع کر چکی تھیں۔ یہاں ان کی کہانیوں کو ادبی حلقوں میں ابتدا ہی سے پذیرائی ملنے لگی۔ انھوں نے معروف ادیب اور شاعر احمد ندیم قاسمی کے ساتھ مل کر ادبی جریدہ "نقوش" شائع کرنا شروع کیا۔

اس دوران ان کے افسانوں اور مختصر کہانیوں کے سات مجموعے شایع ہوئے جن میں چاند کے دوسری طرف، تیسری منزل، اندھیرے اجالے، چوری چھپے، ہائے اللہ، چرکے اور وہ لوگ شامل ہیں۔ ہاجرہ مسرور نے ڈرامے بھی لکھے۔

انھوں نے پاکستان میں متعدد فلموں کے لیے اسکرپٹ بھی لکھے۔ انھیں اپنے ایک اسکرپٹ پر پاکستانی فلمی صنعت کا سب سے بڑا اعزاز "نگار ایوارڈ" بھی ملا۔ ۱۹۶۵ء میں بننے والی پاکستانی فلم "آخری اسٹیشن" کی کہانی بھی ہاجرہ مسرور نے لکھی تھی۔

پاکستان کی اس معروف ادیب کو صدارتی تمغہ برائے حسنِ کارکردگی عطا کیا گیا۔

ہاجرہ مسرور پاکستان کے معروف صحافی احمد علی خان کی زوجہ تھیں اور شادی کے بعد کراچی منتقل ہو گئی تھیں۔ وہ اس شہر میں ڈیفنس سوسائٹی کے قبرستان میں آسودہ خاک ہیں۔

اردو ادب میں انھیں ایک فعال، مستعد اور جذبۂ انسانیت اور اصلاح سے سرشار

ادیب کی حیثیت سے جانا جاتا ہے۔ ہاجرہ مسرور نے معاشرے کی بے حسی پر گرفت کی اور خواتین سے متعلق جس خلوص اور درد مندی سے لکھا وہ اپنی مثال آپ ہے۔

※ ※ ※

ہاجرہ مسرور: آخری اسٹیشن آگیا

زاہدہ حنا

ایک ایسے زمانے میں جب ہندوستان کا کونہ کونہ 'آزادی' کے نعروں سے گونج رہا تھا، اردو ادب میں ترقی پسند تحریک کا آغاز ہوا۔ سید سجاد ظہیر، ڈاکٹر رشید جہاں، ملک راج آنند اور دوسروں نے شعر و ادب کے میدان میں کیسے کیسے چراغ روشن کیے۔ چند برسوں کے اندر کیسے کیسے بڑے نام سامنے آئے۔

آج یہ سمجھنا مشکل ہے کہ تحریک سے وابستہ ادیبوں کی تحریروں نے آزادی کی طلب اور تڑپ میں کیسا اضافہ کیا۔ ایک قافلہ تھا جو انسانوں کو دکھوں اور ان کے عذابوں سے نجات دلانے کے لیے رواں دواں تھا۔ انھوں نے جس آزادی کا خواب دیکھا تھا وہ روپہلے اور سنہرے دنوں کے خواب تھے۔

سماج کے حاشیوں پر زندگی کی تہمت اٹھانے والوں کی جہالت، بھک مری اور ذلت سے نجات دلانے کے خواب۔ اس کے برعکس آزادی خون میں تر بتر آئی۔ خواب ٹوٹے اور ان کی کرچیاں سب ہی کی آنکھوں میں چبھ گئیں۔ یہی وہ عالم تھا جس کو فیض نے 'یہ داغ داغ اجالا، یہ شب گزیدہ سحر' کہہ کر پکارا تھا اور یہ کہنے پر مجبور ہوئے تھے کہ 'انتظار تھا جس کا یہ وہ سحر تو نہیں۔'

آزادی کی جدوجہد اور ترقی پسند تحریک کے اسی منظر میں جہاں پریم چند، کرشن

چندر، عصمت چغتائی اور جوش مخدوم، سردار جعفری، کیفی اور ساحر دھوم مچا رہے تھے وہیں لکھنؤ کے نواح میں دو بہنیں پیدا ہوئیں۔ ان دونوں بہنوں نے آنکھ کھولی تو گھر میں خوشحالی تھیں لیکن بچپن میں باپ رخصت ہوئے اور خاندان پر مفلسی نے اپنے پنکھ پھیلائے۔ ماں اور باپ دونوں ہی شعر و ادب کے دلدادہ تھے۔

باپ چلے گئے لیکن کتابوں سے بھری ہوئی الماریاں رہ گئیں۔ ماں اس وقت کے پرچوں 'عصمت' (دلی) اور 'سہیل' (علی گڑھ) میں چھپتی تھیں۔ اس ماحول میں خدیجہ اور ہاجرہ نے اگر ادب کے دامن میں پناہ لی تو یہ کچھ حیرت کی بات نہیں۔ جس عمر میں لڑکیاں گڑیوں کو بیاہتی تھیں اور دوپٹے رنگتی تھیں، ہاجرہ اور خدیجہ نے کہانیاں لکھنی شروع کیں اور کہانیاں صرف لکھی ہی نہیں، اس وقت کے ادبی پرچوں میں شایع بھی ہونی لگیں۔

اردو ادب کے ثقہ قارئین کے لیے ابھی ڈاکٹر رشید جہاں اور عصمت چغتائی کا 'صدمہ' ہی کیا کم تھا جنہوں نے زندگی کے ان ڈھکے چھپے گوشوں کو عریاں کر دیا۔ ہاجرہ اور خدیجہ ان کے بعد آئیں لیکن انھوں نے بھی وہی روش اختیار کی۔ فرق تھا تو اتنا کہ انھوں نے متوسط اور نچلے متوسط طبقے کی لڑکیوں کے نفسیاتی مسائل اور جنسی گھٹن کے علاوہ بھی ان کی زندگیوں کے کئی پہلو اجاگر کیے۔ انھوں نے جس طرح اپنے پڑھنے والوں کو چونکایا اور یہ ان کی کامیابی تھی۔

جہاں ڈاکٹر رشید جہاں اور عصمت چغتائی کا طوطی بول رہا ہو اور قرۃ العین حیدر کی کہانیاں اردو افسانے کو ایک نئے ذائقے سے آشنا کر رہی ہوں، ایسے میں ہاجرہ مسرور اور خدیجہ مستور کا لوگوں کو اپنی طرف متوجہ کر لینا ایک اہم بات تھی۔ یہ وہ دور تھا جب تقسیم رشتوں کو کاٹ اور دلوں کو بانٹ رہی تھی۔

ہاجرہ مسرور نے تقسیم کے زمانے اور اس کے بعد کی حشر سامانیوں، سماج کے طبقات

کی لوٹ پلٹ اور متوسط نچلے متوسط طبقے کی زندگیوں میں ہونے والی اتھل پتھل کی نقش گری بہت مہارت سے کی۔ ان کے وہ افسانے جو 'تیسری منزل' میں شایع ہوئے ان کے نمایندہ افسانے کہے جاتے ہیں۔

'تیسری منزل' کے افسانوں کا ذکر کرتے ہوئے ہمارے ممتاز افسانہ نگار اور تخلیقی نقاد ممتاز شیریں نے ٹرومین کپوٹے کے مشہور ناولٹ 'بریک فاسٹ ایٹ ٹفنیز' کو یاد کیا تھا اور لکھا تھا کہ 'تیسری منزل' کے افسانوں کا مطالعہ ایسا ہی مسرت انگیز ہے جیسے آپ نے 'بریک فاسٹ ایٹ ٹفنیز' کا مطالعہ کر لیا ہو۔" ممتاز شیریں کا یہ جملہ ذہن میں کھب کر رہ گیا۔

شہر میں یہ فلم آئی تو اسے جا کر دیکھا۔ نیویارک کے طبقۂ اعلیٰ کے محلے مین ہیٹن میں زیورات کی مشہور دکان 'ٹفنیز' کے سامنے فلم کی بوہیمین ہیروئن ہولی جس کا کردار آڈرے ہپ برن نے کیا تھا، کھڑی ہے اور دلکش زیورات کو قاتلانہ انداز میں دیکھ رہی ہے۔

'مون ریور' گا رہی ہے اور چھاجوں برستی بارش میں اپنی چہیتی بلی کو ڈھونڈتی پھر رہی ہے اور اس کا محبوب پال جو اسی عمارت میں رہتا تھا جہاں ہولی کا قیام تھا۔ اس فلم کو دیکھ کر یہ سوچتی رہی کہ ممتاز شیریں کو ٹرومین کپوٹے کا یہ ناولٹ ہاجرہ مسرور کے افسانوں کے حوالے سے کیوں یاد آیا۔ بہت بعد میں یہ بات سمجھ میں آئی کہ ان دونوں کا موازنہ انھوں نے مسرت انگیزی کے حوالے سے کیا تھا۔

جنگ عظیم ختم ہو رہی تھی جب ہاجرہ مسرور کو ۱۹۴۴ میں لاہور سے چھپنے والے اپنے پہلے مجموعے 'چرکے' کی رائلٹی ۴۰ روپے ملی اور اس کے فوراً بعد شایع ہونے والے مجموعے 'ہائے اللہ' پر انھیں ۶۰۰ روپے رائلٹی ملی جو اس وقت کے حساب سے ایک بڑی

رقم تھی۔

قرۃ العین حیدر نے ان کی ابتدائی زندگی کے بارے میں لکھا ہے کہ ان دونوں بہنوں نے زیادہ تر مسلم مڈل کلاس کی عکاسی کی۔ وہ انھیں نیچرل رائٹر کہتی تھیں۔ 'کار جہاں دراز ہے' میں انھوں نے لکھا کہ 'ان کے یہاں آورد کے بجائے آمد ہی آمد تھی۔ اور ان کے افسانے اردو کے افسانوی ادب میں ایک اضافہ ثابت ہوئے۔ یہ لکھنؤ شہر کے ایک قدامت پسند گھرانے میں پردہ نشین رہیں اس کے باوجود انھوں نے بڑی بے خوفی سے اپنے افسانے لکھنے شروع کیے جن کی وجہ سے انھیں عصمت چغتائی کی مقلد کہا گیا۔"

انگریزی کے ایک ممتاز صحافی اور کالم نگار آصف نورانی نے نومبر ۲۰۰۰ میں ان کا ایک انٹرویو لیا تھا جس میں ہاجرہ مسرور نے کہا تھا کہ وہ اپنی خود نوشت لکھنے کے بارے میں سوچ رہی ہیں۔ آصف نے اس بارے میں اور کچھ نہیں لکھا لیکن میرے خیال میں شاید وہ اس بارے میں سوچتی ہی رہیں۔ وہ ایک سیاسی ناول لکھنے کے بارے میں بھی سوچتی رہیں لیکن یہ ایک حقیقت ہے کہ شادی نے ان کے تخلیقی سفر کی رفتار بہت مدہم کر دی اور اب تو لگ بھگ ۳۵، ۴۰ برس سے ادب کا راستہ تقریباً بھول گئی تھیں۔

آصف نورانی نے اپنے انٹرویو میں ان کی تیسری بہن عائشہ جمال کو بھی یاد کیا جو حسن عابدی سے بیاہی گئیں۔ لکھتی تھیں اور ان کی کہانیوں کا مجموعہ 'گرد سفر' کے نام سے شایع ہوا تھا۔ شاید اسی لیے آصف نورانی نے لکھا کہ یہ تینوں بہنیں شارلٹ اور ایملی برونٹی سے مشابہت رکھتی ہیں جن کی تیسری بہن این برونٹی کے بارے میں بہت کم لوگ جانتے ہیں لیکن وہ بھی کہانیاں لکھتی تھی۔

ان دونوں بہنوں میں سے خدیجہ مستور ۱۹۸۲ میں رخصت ہوئیں اور ان کے ۳۰ برس بعد گوشہ گیری کی زندگی گزار کر ہاجرہ مسرور بھی بہن سے اور ترقی پسند تحریک کے

متعدد ادیبوں سے ملنے چلی گئی ہیں۔ ہاجرہ مسرور میرے لیے 'اپی' تھیں۔ ان کے اور میرے درمیان تعلق اور پھر گہرے تعلق کا رشتہ ان کے 'لالہ' احمد ندیم قاسمی کی وجہ سے قائم ہوا تھا۔

میں نے ان کے متعدد افسانے پڑھے تھے، ان کی بہت قائل تھی لیکن ذاتی تعلق کا معاملہ کچھ اور ہوتا ہے۔ قاسمی صاحب نے میرے ایک خط کے جواب میں لکھا تھا کہ تم ہاجرہ سے ملو، وہ تمہاری رہنمائی کریں گی اور انھیں اطلاع دی تھی کہ ایک لڑکی تم سے ملنے آئے گی۔ یہ ۱۹۶۶ کے وہ دن تھے جب میں ہفت روزہ 'اخبار خواتین' میں اسسٹنٹ ایڈیٹر تھی۔ ۶۰ کی دہائی میں یہ ہفت روزہ اعلیٰ اور متوسط طبقے کی خواتین میں بے حد مقبول تھا۔ دفتر اس کا P۔E۔C۔H۔S ہاؤسنگ سوسائٹی بلاک ۶ کی ۴۲ اسٹریٹ پر تھا اور اپی اس سے کچھ ہی فاصلے پر رازی روڈ کے ایک گھر میں رہتی تھیں۔

کیسی کیسی باتیں ملاقاتیں یاد آرہی ہیں۔ قاسمی صاحب کراچی آئے ہیں۔ اپی نے فون پر مجھے اطلاع دی ہے۔ شام کے سمے میں بھی جا پہنچی ہوں۔ رازی روڈ والے گھر کا چھوٹا سا آنگن ہے، اس میں بید کی کرسیاں اور میز ہے۔ چائے ناشتے کا اہتمام ہے۔ اپی اپنی دلکش ساڑی کا پلو سمیٹے لالہ کی مدارت میں مصروف ہیں۔ قرۃ العین حیدر اور ان کا ناول 'آگ کا دریا' زیر بحث ہے۔

سال بھر پہلے ہندوستان اور پاکستان کے درمیان ۷ اروز کی دھائیں دھائیں ختم ہوئی ہے اور دونوں طرف کے ادیب اس بارے میں خاصی کٹر قوم پرستی کا مظاہرہ کررہے ہیں۔ سردار جعفری کی اس حوالے سے ایک خوبصورت نظم آل انڈیا ریڈیو کی اردو سروس سے نشر ہوچکی ہے۔ پاکستان کے کسی ادبی رسالے شاید 'افکار' میں چھپ بھی چکی ہے۔

میں خوشی سے نہالوں نہال ہوں۔ ترقی پسند تحریک کے دو نہایت اہم ناموں کو دیکھ رہی ہوں اور ان سے باتیں کر رہی ہوں۔ یہ وہ زمانے تھے جب ہم اپنے شاعروں اور ادیبوں کو اسی طرح دیکھتے تھے جیسے وہ ہمالہ کی چوٹی پر بیٹھے دیوی دیوتا ہوں۔ ادب، ادیبوں کا جو احترام تھا، وہ اب کبھی کا رخصت ہو چکا، اس لیے اس دور کی باتیں اب قصہ کہانیاں محسوس ہوتی ہیں۔ ان سے وابستہ کتنی بہت سے باتیں اور یادیں ہیں۔ جن کا ذکر اگلی نشست میں۔

٭ ٭ ٭

ہاجرہ مسرور.....ہنگامہ آرائی سے خاموشی تک
انتظار حسین

آخری بادل ہیں اک گزرے ہوئے طوفاں کے ہم۔ لیجیے وہ آخری بادل بھی نظروں سے اوجھل ہو گیا۔ ہاجرہ مسرور کب سے خاموش چلی آ رہی تھیں۔ اردو کہانی کی دنیا میں کتنا طوفان برپا کیا۔ اور پھر جی میں کیا آئی کہ چپ کا روزہ رکھ لیا۔ اور اب ہمیشہ کے لیے چپ ہو گئیں۔ یہ جو پچھلی صدی کی تیسری چوتھی دہائیوں میں اردو ادب نے ایک نئی کروٹ لی تھی، اس کا ایک امتیازی پہلو یہ تھا کہ اردو ادب میں عورت نے پہلی مرتبہ جرأت اظہار کا مظاہرہ کیا۔

مگر وہ جو افسانوں کا ایک انگاروں بھرا مجموعہ 'انگارے' کے نام سے شائع ہوا تھا اس میں تو ایک عورت نے ابھی زبان کھولی ہی تھی کہ چاروں طرف ہاہاکار مچ گئی۔ ڈاکٹر رشید جہاں کی کہانی میں کوئی ایسی چونکا دینے والی بات بھی نہیں تھی۔ مگر انگاروں کے ساتھ مل کر وہ کہانی بھی انگارہ بن گئی۔ خاص طور پر علی گڑھ میں شیخ عبداللہ کے مخالفین کو ہنگامہ کرنے کا ایک بہانہ مل گیا۔

خیر رشید جہاں کے نام تو بس کہانی کی دنیا میں ایک بجلی سی چمکی اور پھر غائب۔ مگر اس کے بعد جب عصمت چغتائی نے اس دنیا میں نمود کی تو وہاں جرأت اظہار نے وہ رنگ دکھایا کہ اللہ دے اور بندہ لے۔

عصمت چغتائی کی ایک کہانی نے، صرف ایک کہانی نے، نسوانی جرأت اظہار کے لیے راہ ہموار کر دی۔ کتنی کہانی لکھنے والیاں ایک دم سے امنڈ پڑیں۔ ان میں سب سے بڑھ کر بہنوں کی ایک جوڑی تھی۔ خدیجہ مستور، ہاجرہ مسرور۔ خاص طور پر ہاجرہ مسرور کے سارے تیور عصمت چغتائی والے تھے۔

اصل میں اس زمانے میں ہمارے ادب میں جنس بھی تو مسئلہ بنی ہوئی تھی۔ مارکسی خیالات اپنی جگہ مگر فرائڈ کو پڑھ پڑھ کر ہمارے کہانی لکھنے والوں کے بھی تو چودہ طبق روشن ہو گئے تھے۔

درون خانہ ہنگامے ہیں کیا کیا
چراغ رہ گزر کو کیا خبر ہے

مگر نیا افسانہ نگار کہہ رہا تھا کہ درون خانہ ہنگاموں سے بالکل بے خبر رہنے میں بھی تو خرابی ہے اور عصمت چغتائی نے لکھنے والیوں میں بھی جرأت اظہار پیدا کر دی اور ہاجرہ مسرور کی تو کہانیوں کے عنوان ہی ایسے ہوتے تھے کہ پڑھنے والا خواہ مخواہ چونک پڑتا تھا کہ کہانی میں آخر کونسا بھید بھاؤ ہے کہ ایسا عنوان دیا گیا ہے۔ چوری چھپے، اندھیرے اجالے، ہائے اللہ، سرگوشیاں۔

ہاجرہ مسرور کی بڑی جیت یہ تھی کہ انھیں بات کہنے کا ہنر آتا تھا اور بول چال کی زبان پر پوری قدرت رکھتی تھیں۔ زبان و بیان کا جادو عصمت چغتائی کے بعد اگر کسی کہانی لکھنے والی نے جگا کر دکھایا ہے تو وہ ہاجرہ مسرور ہیں۔ ایک تو وہاں اظہار بہت بیساختہ تھا اور پھر اشاروں کنایوں میں بات کرنے کا ہنر۔ اس پر جرأت اظہار مستزاد۔ یہ صفات ان کی کہانی کو لے اڑیں۔ پھر اغیار کی آنکھوں دانتوں پر تو انھیں چڑھنا ہی تھا۔

جب انھوں نے تقسیم کے بعد ہندوستان سے ہجرت کر کے پاکستان میں قدم رکھا

اور لاہور میں ڈیرا کیا تو سمجھ لو کہ ہنگامے اپنے ساتھ لے کر آئیں۔ یہاں ایک نیا ادبی رسالہ نقوش، کے نام سے نمودار ہوا تھا۔ وہ احمد ندیم قاسمی کے ساتھ اس کی ادارت میں شامل تھیں۔ بس پھر کیا تھا۔ ہنگامہ سا ہنگامہ۔

اس زمانے میں ایک تو نظریاتی بحث چل رہی تھی جس میں ترقی پسندوں کے خلاف منٹو، محمد حسن عسکری، ممتاز شیریں پیش پیش تھے۔ مگر صحافیوں کی ایک ٹولی ذاتیات پر اتر آئی۔ جب بحث نظریاتی سے ہٹ کر ذاتی رنگ پکڑتی ہے تو پھر جا وبے جا ہر قسم کی بات ہوتی ہے۔ اور اگر درمیان میں خواتین بھی ہوں تو اغیار کو جا وبے بگھارنے میں بہت سہولت رہتی ہے۔ مگر اس معرکہ میں ہاجرہ، خدیجہ نے بڑے وقار سے اس صورت حال کا مقابلہ کیا۔ یہ دور جب اپنی ہنگامہ خیزیوں کے ساتھ گزر گیا تو ہاجرہ کی کہانیاں بھی ہنگامہ خیزی سے گزر کر ایک نئے مرحلہ میں داخل ہو گئیں۔ شاید ایک وجہ یہ بھی تھی کہ تحریک پنڈی سازش کیس کے حادثے کی زد میں آکر منتشر ہو گئی تھی اور اس کے ساتھ ترقی پسند فکر بھی رفتہ رفتہ انتہا پسندی سے درگزری۔ فکر میں اب ٹھہراؤ آ گیا تھا۔ خیر ہاجرہ کی کہانیوں کا تفصیلی جائزہ تو اس وقت اس محدود تحریر میں ممکن نہیں۔

لیکن یہ افسانہ نگار یقیناً اس اعتبار سے ایک تفصیلی تجزیئے کی مستحق ہے کہ اس کی کہانیوں کے ساتھ اس کی فکر میں بھی کئی موڑ دکھائی پڑتے ہیں۔ اور پھر اتنی ہنگامہ خیز ادبی زندگی کے ساتھ ارد گرد سے یکسر بے تعلقی اور ایک لمبی خاموشی۔ ویسے ایسی مثالیں ادب میں اور بھی موجود ہیں کہ ادب کی دنیا میں آندھی دھاندی آئے، تیزی سے لکھا۔ پھر اپنے لکھے سے بھی اور ادب سے بھی بے تعلق ہو کر چپ سادھ لی۔ مگر جتنا لکھا وہی ادب کا قیمتی سرمایہ بن گیا بلکہ رجحان ساز ثابت ہوا۔

ہاں زاہدہ حنا کو جو ایک غلط فہمی ہوئی ہے اس کی تصحیح ہو جائے تو کیا مضائقہ ہے۔

انھوں نے ان دو بہنوں کے ساتھ ایک تیسری بہن عائشہ جمال کا بھی ذکر کیا ہے مگر انھیں غلط فہمی کیسے ہوئی کہ ان کی شادی حسن عابدی سے ہوئی تھی اور یہ کہ ان کی کتاب "گرد سفر" افسانوں کا مجموعہ تھی۔ حسن عابدی کی جس بہن سے شادی ہوئی تھی وہ ہاجرہ، خدیجہ کی چھوٹی بہن تھیں۔ عائشہ جمال ان میں سب سے بڑی بہن تھیں۔

ان کی شادی ہوئی، اولاد پیدا کی، پھر علیحد گی ہو گئی۔ انھوں نے اور تحریریں بھی بمبئی میں رہتے ہوئے لکھی ہوں گی۔ مگر لاہور میں رہتے ہوئے انھوں نے ایک ناول لکھا جو "گرد سفر" کے نام سے شائع ہوا تھا۔ اچھا ناول تھا۔ ارے اس کا تو ہم نے دیباچہ بھی لکھا تھا۔ مگر کتابوں کے ڈھیر میں یہ ناول دبا پڑا ہو گا۔ نظر نہیں آرہا۔

"گرد سفر" کو ہماری ادبی دنیا میں زیادہ پذیرائی میسر نہیں آئی تو اس کی وجہ سمجھ میں آتی ہے۔ عائشہ جمال تو کہیں چھپی بیٹھی تھیں اور خاموشی سے لکھ رہی تھیں۔ کسی تحریک سے، کسی ادبی گروپ سے ان کا ربط و ضبط نہیں تھا۔ ہاجرہ، خدیجہ تو ایک تحریک کے جلو میں نمودار ہوئی تھیں۔ اور پھر ان کے افسانوں کا موضوع بھی ایسا تھا جو اس زمانے کا گرم موضوع تھا۔ ان کے افسانوں کو تو شائع ہوتے ہی پر لگ گئے۔ اور ہاں پاکستان میں عصمت چغتائی تو نہیں تھیں۔ قدامت پسند قارئین کے لیے پھر ہاجرہ مسرور ہی پاکستان کی عصمت چغتائی بن گئیں۔ ایک شریف زادی کہانیوں میں ایسی جرأت اظہار کا مظاہرہ کرے اس کا سارا عتاب اب ہاجرہ مسرور ہی پر پڑا۔

ہمارے نئے ادب میں شریف زادیوں کے جو نئے تیور تھے اور جو قدامت پسندوں پر بہت بھاری پڑ رہے تھے اس کی سزا کسی نہ کسی کو تو بھگتنی تھی اور ہاں عائشہ جمال کا ناول۔ وہ کسی حساب سے متنازع نہیں بن سکتا تھا۔ ایک اچھا معیاری ناول ضرور تھا۔

***

ہاجرہ مسرور: اب نہ دنیا میں آئیں گے یہ لوگ

فضہ پروین

۱۵ ستمبر ۲۰۱۲ کو کاتب تقدیر نے اجل کے ہاتھ میں جو پروانہ تھما دیا اس میں ہاجرہ مسرور کا نام بھی رقم تھا۔ ہاجرہ مسرور کی وفات سے علمی و ادبی حلقوں میں صف ماتم بچھ گئی۔ وہ گزشتہ سات عشروں سے پرورش لوح و قلم میں مصروف تھیں۔ ۱۷۔ جنوری ۱۹۳۰ کو لکھنو میں جنم لینے والی اس ادیبہ نے پوری دنیا میں اپنی کامرانیوں کے جھنڈے گاڑ دیئے۔ اردو کے افسانوی ادب کو ہاجرہ مسرور نے زندگی کی حقیقی معنویت سے آشنا کیا۔ تانیثیت (Feminism) کی علم بردار اس عظیم ادیبہ نے خواتین کے مسائل پر جس خلوص اور دردمندی سے لکھا وہ اپنی مثال آپ ہے۔ دنیا بھر کی خواتین کو معاشرتی ، سماجی ، سیاسی ، قانونی اور معاشی شعبوں میں ان کے حقوق کی فراہمی کے لیے ہاجرہ مسرور نے جو صبر آزما جدوجہد کی وہ تاریخ ادب میں نمایاں حروف میں لکھی جائے گی۔ ان کی حقیقت نگاری اور فطرت نگاری نے انھیں جس بلند ادبی منصب پر فائز کیا اس میں کوئی ان کا شریک اور سہیم نہیں۔ زندگی کے کٹھن مسائل کو طلسم خواب و خیال سے نکال کر جبر کا ہر انداز مسترد کرتے ہوئے حریت ضمیر سے جینے اور حریت فکر کا علم بلند رکھنے کی روش اپنانے والی اس یگانہء روزگار افسانہ نگار نے جو طرز فغاں اپنائی وہ ان کی انفرادیت کی دلیل ہے۔ ان کا اسلوب ان کی ذات تھا۔ انھوں نے اپنے اسلوب کے اعجاز سے الفاظ کو

زندگی کی حقیقی معنویت اور پیرایہء اظہار کے حروف کو صداقت سے مالامال کر دیا۔ہاجرہ مسرور کی وفات اردو کے افسانوی ادب کے لیے ایک بہت بڑا سانحہ ہے۔

غم سے بھرتا نہیں دل ناشاد

کس سے خالی ہوا جہاں آباد

ہاجرہ مسرور کا تعلق لکھنؤ کے ایک معزز اور ممتاز علمی و ادبی خاندان سے تھا۔ان کے والد ڈاکٹر ظہور احمد خان آزادی سے قبل برطانوی فوج میں ملازم تھے۔وہ برطانوی فوج میں ڈاکٹر تھے۔شعبہ طب میں ان کی خدمات کا ایک عالم معترف تھا۔زندگی کی حیات آفریں اقدار سے محبت کرنے والے اور سسکتی ہوئی دکھی انسانیت کو زندگی کی نوید سنانے والے اس مسیحاصفت معالج کی ذات پورے معاشرے کے لیے فیض رساں تھی۔تقدیر کے فیصلے نرالے ہوتے ہیں۔وہ لوگ جن کا وجود پوری انسانیت کے لیے دستگیری کا امین ہوتا ہے ،جب ہمیں دائمی مفارقت دے جاتے ہیں تو ان کی یادیں سوہان روح بن جاتی ہیں۔ڈاکٹر ظہور احمد خان کے ساتھ بھی مقدر نے عجب کھیل کھیلا۔اپنی پانچ کم سن بچیوں اور ایک بیٹے کو حالات کے رحم و کرم پر چھوڑ کر وہ دل کے اچانک دورے کے باعث عدم کی بے کراں وادیوں کی جانب سدھار گئے۔ہاجرہ مسرور کی والدہ نے بڑے کٹھن حالات میں اپنی اوالاد کی تعلیم و تربیت کا سلسلہ جاری رکھا۔

قیام پاکستان کے بعد ہاجرہ مسرور کا خاندان لاہور پہنچا۔ان کے ساتھ ان کی بہنیں عائشہ جمال ،خدیجہ مستور ،طاہرہ عابدی ،شاہدہ خیری اور بھائی توصیف احمد خان تھے۔لاہور میں انھیں احمد ندیم قاسمی کے ساتھ ادبی مجلہ "نقوش" کی مجلس ادارت میں کام کرنے کا موقع ملا۔ہاجرہ مسرور کی شادی ۱۹۷۱میں احمد علی سے ہوئی جو اس وقت انگریزی اخبار "پاکستان ٹائمز "کے مدیر تھے۔ہاجرہ مسرور کے شوہر احمد علی نے

۱۹۷۳ میں انگریزی اخبار "ڈان" کے مدیر کی حیثیت سے ملازمت اختیار کر لی اور وہ کراچی منتقل ہو گئے۔ احمد علی مسلسل اٹھائیس برس تک ڈان کے مدیر رہے۔ ہاجرہ مسرور کی دو بیٹیاں ہیں۔ ایک کا نام نوید احمد طاہر اور دوسری کا نام نوشین احمد ہے۔ دونوں بیٹیاں اعلیٰ تعلیم یافتہ ہیں اور اپنے والدین کی تربیت کے اعجاز سے کامیاب زندگی بسر کر رہی ہیں۔ ۲۷ مارچ ۲۰۰۷ کو احمد علی انھیں دائمی مفارقت دے گئے۔ شوہر کی وفات کے بعد ہاجرہ مسرور مکمل طور پر گوشہ نشین ہو گئیں اور بہت کم باہر نکلتیں۔ اس کے بعد رفتہ رفتہ ادبی حلقوں نے ان کے بارے میں خاموشی اختیار کر لی۔ ہاجرہ مسرور کی گوشہ نشینی کا عرصہ چار عشروں پر محیط ہے۔ آخری مرتبہ وہ اس وقت لاہور ایک ادبی نشست میں آئیں جب گورنمنٹ کالج لاہور میں قرۃ العین حیدر کی وفات پر ایک تعزیتی نشست کا اہتمام کیا گیا۔ وہ قرۃ العین حیدر کے اسلوب کی مداح تھیں۔ ان کی وفات سے وہ بہت دل گرفتہ تھیں۔ ان کی خاموشی گفتگو بن گئی اور بے زبانی بھی اظہار کا ایک منفرد انداز لیے ہوئے تھی۔ یہ شاید سات سال قبل کی بات ہے اس کے بعد وہ پھر گوشہ نشین ہو گئیں۔

ہاجرہ مسرور کو اس زمانے کے ممتاز ادبی جرائد کے مطالعہ کا موقع ملا۔ ہاجرہ مسرور کو اپنے گھر میں جو علمی و ادبی ماحول ملا اس کے اعجاز سے ان کی تخلیقی صلاحیتوں کو نمو ملی۔ والدین کی حوصلہ افزائی نے ان کے اسلوب کو صیقل کیا اور ان کی تخلیقی فعالیت کو مہمیز کیا۔ انھوں نے بچپن ہی سے تخلیق ادب بالخصوص افسانوی ادب پر توجہ دی۔ وہ تقلید کی روش کو خودکشی پر محمول کرتی تھیں۔ اس لیے ان کے ہاں روایت شکنی کا عنصر پوری شدت کے ساتھ جلوہ گر ہے۔ تخلیق فن کے لمحوں میں وہ معاشرتی زندگی کے تمام ارتعاشات، بے اعتدالیوں، کجیوں اور شقاوت آمیز ناانصافیوں کے خلاف پوری قوت اور بہادری سے اظہار خیال کرتی ہیں۔ وہ چاہتی تھیں کہ خواتین کے حقوق کی جدوجہد کے

لیے لکھتے وقت خون بن کر رگ سنگ میں اتر جائیں۔ ہمارے معاشرے کا المیہ یہ ہے کہ مردوں کی بالادستی کے باعث اس میں خواتین کو ان کے جائز حقوق سے یکسر محروم کر دیا گیا ہے۔ اس شہر ناپرساں میں ابن الوقت، مفاد پرست استحصالی عناصر اپنا الو سیدھا کرنے کے بعد اپنی ہوا میں مست پھرتے ہیں۔ ہاجرہ مسرور نے نہایت خلوص اور دردمندی کے ساتھ خواتین کی مظلومیت، بے بسی، محرومی اور دیدہء گریاں کو پیرایہء اظہار عطا کیا ہے۔ ان کے افسانوں میں خواتین کے مسائل کا حقیقت پسندانہ انداز میں تجزیہ پیش کیا گیا ہے۔ تمام کردار اپنی اصلی صورت میں سامنے آتے ہیں جنھیں دیکھ کر قاری سوچنے پر مجبور ہو جاتا ہے۔ ایسا محسوس ہوتا ہے کہ مصنفہ قاری کو جھنجھوڑ کر حقائق کا احساس و ادراک کرنے پر آمادہ کرنا چاہتی ہے۔ ان کے اسلوب میں پائی جانے والی اثر آفرینی قلب اور روح کی اتھاہ گہرائیوں میں اتر کر قاری کو حیرت زدہ کر دیتی ہے۔

ایک زیرک، فعال، جری، مستعد اور جذبہء انسانیت نوازی سے سرشار ادیبہ کی حیثیت سے ہاجرہ مسرور معاشرتی زندگی میں پائی جانے والی بے حسی پر گرفت کی۔ انھیں اس بات کا قلق تھا کہ ظالم و سفاک، موذی و مکار استحصالی عناصر نے اپنے مکر کی چالوں سے خواتین کی زندگی کی رعنائیوں کو گہنا دیا ہے۔ وہ اس لرزہ خیز، اعصاب شکن کیفیت پر اکثر کرب کا اظہار کرتیں کہ معاشرتی اور سماجی حالات حد درجہ غیر امید افزا ہیں۔ مفاد پرست استحصالی عناصر کے فسطائی جبر، منافقت، بے ضمیری اور موقع پرستی نے گمبھیر صورت اختیار کر لی ہے۔ ان کا وسیع مشاہدہ تھا یہی وجہ ہے کہ ان کی تحریروں میں زندگی کے تمام مسائل کی عکاسی ملتی ہے۔ ایسا محسوس ہوتا ہے کہ وہ اپنی جان پر دوہرا عذاب محسوس کرتی تھیں۔ ایک طرف تو وہ معاشرے کی مظلوم خواتین کے مصائب و آلام کو دیکھ کر دل گرفتہ تھیں تو دوسری طرف ان غیر مختتم مصائب کے جان لیوا اثرات کے

بارے میں سوچ کر دل ہی دل میں کڑھتی رہتی تھیں۔ معاشرتی زندگی میں بے بس خواتین پر کوہ ستم توڑنے والے ظالموں نے رتیں بے ثمر، کلیاں شرر، زندگیاں پر خطر اور آہیں بے اثر کر دی ہیں۔ ہاجرہ مسرور نے ان ظالموں کے قبیح کردار اور کریہہ چہرے سے نقاب اٹھانے میں کبھی تامل نہ کیا۔ حرف صداقت لکھنا ہمیشہ ان کا نصب العین رہا۔ وہ جبر کے خلاف کھل کر لکھتی تھیں۔ کسی قسم کی مصلحت کے تحت الفاظ کو فرغلوں میں لپیٹ کر پیش کرنا ان کے ادبی مسلک کے خلاف تھا۔ ہزار خوف میں بھی ان کے قلم نے ضمیر کی آواز پر لبیک کہتے ہوئے ہر قسم کے امتیازات، منافقتوں اور تضادات کو ہدف تنقید بنایا۔ ان کی تحریریں مظلوم خواتین سے عہد وفا کی تکمیل کی ایک عملی صورت ہیں۔ ان کا خیال ہے کہ ہر ظالم پہ لعنت بھیجنا ہر باضمیر انسان کا شیوہ ہونا چاہیے۔ اس سلسلے میں ہاجرہ مسرور نے اردو افسانے کی اسی درخشاں روایت کی پاسداری کی ہے جو کہ سعادت حسن منٹو، قرۃ العین حیدر، خدیجہ مستور اور عصمت چغتائی کے پیش نظر رہی۔ وہ آلام روزگار کے مہیب بگولوں میں بھی حوصلے اور امید کی شمع فروزاں رکھنے کی داعی تھیں۔ وہ جانتی تھیں کہ جان لیوا صدمات پر محض آہ و فغاں سے حالات کا رخ بدلنا اور سانحات سے بچ نکلنا ممکن نہیں۔ ان کی تحریروں نے معاشرتی زندگی میں سرایت کر جانے والے تضادات اور ان کے مسموم اثرات کے بارے میں مثبت شعور و آگہی بیدار کرنے میں اہم کردار ادا کیا۔ خواتین کی زندگی میں پیہم گریہ وزاری کی جو کیفیت دکھائی دیتی ہے وہ چشم بینا کے لیے لمحہ ءفکریہ ہے۔

ہاجرہ مسرور کی زندگی میں کئی نشیب و فراز آئے لیکن انھوں نے ہمیشہ جہد و عمل کو شعار بناتے ہوئے نشیب سے بچ کر فراز کی جانب اپنا سفر جاری رکھا۔ کہا جاتا ہے کہ جب ہاجرہ مسرور نے جوانی کی حدود میں قدم رکھا تو اردو کے ممتاز شاعر ساحر لدھیانوی اور ان

کی باہمی افہام و تفہیم اور والدین کی رضامندی سے منگنی ہو گئی۔ تقدیر کا المیہ یہ ہے کہ وہ اگر ہر لمحہ ہر گام انسانی تدبیر کے پرخچے نہ اڑادے تو وہ تقدیر کیسے کہلا سکتی ہے ؟۔ ساحر لدھیانوی کو اپنی قدرت کلام کا زعم تھا جب کہ ہاجرہ مسرور کو لکھنوی ہونے کی وجہ سے اپنی زبان دانی پر بجا طور پر ناز تھا۔ ظاہر ہے جس نے آتش اور ناسخ کے لہجے میں بات کرنا سیکھا ہو وہ غلط تلفظ پر چپ کیسے رہ سکتا ہے ؟ ایک ادبی نشست میں ساحر لدھیانوی نے کسی لفظ کی غلط ادائیگی کی تو ہاجرہ مسرور نے صحیح تلفظ کی جانب توجہ دلائی۔ اس بات پر ساحر لدھیانوی کو رنج ہوا اور اس کے بعد دونوں کے درمیان فاصلے بڑھتے چلے گئے۔ یہ بیل منڈھے نہ چڑھ سکی اور منگنی ٹوٹ گئی۔ ہاجرہ مسرور نے ہمیشہ حق گوئی اور بے باکی کو شعار بنایا۔ وہ نتائج سے بے پروا ہو کر حرف صداقت لکھنے پر اصرار کرتی تھیں۔

ہاجرہ مسرور نے اپنی وقیع تصانیف سے اردو افسانے کی ثروت میں جو اضافہ کیا وہ تاریخ ادب میں آب زر سے لکھنے کے قابل ہے۔ قدامت پسندی اور رجعت پسندی کے خلاف ان کا دبنگ لہجہ ان کی پہچان بن گیا وہ ستائش باہمی کے سخت خلاف تھیں۔ اردو ادب میں صحت مند تنقیدی نظریات کی انھوں نے ہمیشہ پذیرائی کی۔ ان کی دلی تمنا تھی کہ اردو زبان کے ادیبوں کو جبر کا ہر انداز مسترد کرتے ہوئے انصاف اور حق و صداقت کا علم بلند رکھنا چاہیے۔ تیشہ ءحرف سے فصیل جبر کو منہدم کرنا ان کا مطمح نظر رہا۔ ہاجرہ مسرور کی تصانیف میں ان کا یہ اسلوب نمایاں ہے۔ ان کی تصانیف درج ذیل ہیں:

(۱) چاند کے دوسری طرف (آٹھ افسانے)

(۲) تیسری منزل (پندرہ افسانے)

(۳) اندھیرے اجالے (سات افسانے)

(۴) چوری چھپے (سات افسانے)

(۵) ہائے اللہ (گیارہ افسانے)

(۶) چرکے (تیرہ افسانے)

ان کے تمام افسانوی مجموعے کلیات کی صورت میں بھی شائع ہو چکے ہیں۔ مقبول اکیڈمی لاہور نے ۱۹۹۱ میں "سب افسانے میرے" کے عنوان سے اس کلیات کی اشاعت کا اہتمام کیا جسے زبردست پذیرائی نصیب ہوئی۔ آکسفورڈ یونیورسٹی پریس کراچی نے ہاجرہ مسرور کی لکھی ہوئی بچوں کی کہانیوں کو بڑے اہتمام سے شائع کیا ہے۔ بچوں کے لیے لکھی گئی ان کی کہانیوں میں ان کا گہرا نفسیاتی شعور اور لسانی مہارت قابل قدر ہے۔ ہاجرہ مسرور کی علمی ،ادبی اور قومی خدمات کے اعتراف میں انھیں حکومت پاکستان نے ۱۹۹۵ میں پرائڈ آف پرفارمنس کے اعزاز سے نوازا۔ اس کے علاوہ انھیں عالمی فروغ ارد وایوارڈ بھی ملا۔ ہاجرہ مسرور کو زبان و بیان پر جو خلاقانہ دسترس حاصل تھی اس کا دنیا بھر میں اعتراف کیا گیا۔ ہر صنف ادب میں انھوں نے اپنی تخلیقی فعالیت کا لوہا منوایا۔ عالمی کلاسیک کا انھوں نے بہ نظر غائر مطالعہ کیا تھا۔ انھوں نے افسانے کے علاوہ ڈرامے ،اور فلموں کی سکرپٹ رائٹنگ پر بھی توجہ دی۔ انھوں نے سرور بارہ بنکوی کی فلم "آخری سٹیشن" کی کہانی تحریر کی۔ اس فلم کو زبردست پذیرائی نصیب ہوئی۔ ان کی سکرپٹ رائٹنگ کے سلسلے میں انھیں نگار ایوارڈ عطا کیا گیا۔ ان کی شخصیت اور اسلوب پر جامعہ ملیہ دہلی میں تحقیق کا آغاز ہو چکا ہے۔ وہ بے خوف صدا جس نے معاشرے کے ہر ناسور کی جراحت میں کوئی دقیقہ فروگذاشت نہ کیا اسے کاتب تقدیر نے مہیب سناٹوں کی بھینٹ چڑھا دیا۔ ایک درخشاں شعلہ ءجوالہ جس نے جبر کے ایوانوں پر لرزہ طاری کر دیا پیوند خاک ہو گیا۔ دنیا بھر کی خواتین کے مسائل ،مصائب و آلام پر تڑپ اٹھنے والی تخلیق کار اب ہمارے درمیان موجود نہیں۔ دکھی انسانیت بالخصوص قسمت سے محروم خواتین کے

جائز حقوق کے لیے جدوجہد کرنے والی اس عظیم ادیبہ کی یاد میں بزم ادب طویل عرصے تک سوگوار رہے گی۔ ہاجرہ مسرور کی وفات ایک بہت بڑا سانحہ ہے۔ اس سانحے پر جگر فگار، روح زخم زخم اور دل کرچی کرچی ہو گیا ہے۔

لوح مزار دیکھ کر جی دنگ رہ گیا
ہر ایک سر کے ساتھ فقط سنگ رہ گیا

٭ ٭ ٭

ہاجرہ مسرور کی افسانہ نگاری

شمس الحق قمر

شارلٹ، ایملی اور اینی انگریزی ادب میں "برانٹی سسٹرز" کے نام سے جانی جاتی ہیں۔ انیس ویں صدی میں برطانیہ میں پیدا ہونے والی یہ بہنیں، ادب اور شاعری کے حوالے سے امتیازی حیثیت کی حامل رہیں۔ اُن کی تحریروں نے ادب کے شائقین کو اُن کا گرویدہ بنا دیا تھا۔ یوں تو تینوں ہی کی کسی نہ کسی تخلیق کو سراہا گیا، تاہم شارلٹ کے ناول "Jane Eyre" کو بے پناہ مقبولیت حاصل ہوئی اور وہ اپنے زمانے (۱۸۴۷ء) کا "بیسٹ سیلر" ناول بھی قرار پایا۔ لگ بھگ یہی کچھ اُردو ادب کی دو بہنوں کے ساتھ بھی ہوا کہ جنہوں نے ایک ہی وقت میں اور ایک ہی صنف میں اظہارِ خیال بھی کیا اور یک ساں شہرت بھی پائی۔ اگرچہ، اُن دونوں سے بڑی ایک بہن اور بھی تھیں اور وہ افسانے بھی تحریر کرتی تھیں۔ یہی نہیں، اُن کی کہانیوں کا ایک مجموعہ بھی سامنے آیا، جو "گردِ سفر" کے نام سے شایع ہوا۔ یہ تین بہنیں، عائشہ جمال، خدیجہ مستور اور ہاجرہ مسرور ہیں۔ اگرچہ، خدیجہ اور ہاجرہ اس ضمن میں اپنی بڑی بہن، عائشہ جمال سے یوں بہت آگے بڑھ گئیں کہ ادبی دنیا عمومی طور پر ان دونوں بہنوں ہی سے واقف رہی اور صحیح معنوں میں یہی دو بہنیں، اپنی شناخت اور انفرادیت بھی قائم کر پائیں۔ خدیجہ مستور، ۱۲ دسمبر ۱۹۲۷ء کو، جب کہ ہاجرہ مسرور، ۱۷ جنوری ۱۹۳۰ء کو پیدا ہوئیں۔ جائے پیدائش غیر منقسم

ہندوستان کی ریاست، یوپی کا تہذیب و تمدّن سے آراستہ و پیراستہ شہر، لکھنؤ تھا۔ گھر کی فضا علمی و ادبی تھی۔ والدہ، انور جہاں بیگم تقسیمِ ہند سے قبل نکلنے والے خواتین کے پرچوں کی مضمون نگار تھیں، جن میں نمایاں ترین "عصمت" تھا۔ والد، تہوّر احمد خاں سرکاری ملازم تھے۔ ملازمتی تبادلوں کے باعث یوپی کے چھوٹے، چھوٹے اضلاع میں تعیّناتی ایک کارِ معمول تھا۔ یوں اُن جگہوں پر سرکاری افسر ہونے کے باعث بہت آؤ بھگت کی جاتی تھی۔ شریف اور خوددار تھے، اس لیے لوگوں کے دِلوں میں عزّت بھی بے پناہ تھی۔ تن خواہ بہت زیادہ نہ تھی، تاہم معقول گزر بسر کے لیے کافی تھی۔ اچھی اور عُمدہ کتابوں کے رسیا تھے۔ دنیا جہان کی کتابیں اور رسالے گھر میں موجود تھے۔ یہ تھی گھر کی فضا۔ یوں گھر میں بچّوں کی چہکار کے ساتھ، علم و ادب کی پکار بھی صاف سُنائی دیتی تھی۔ گویا کہا جا سکتا ہے کہ ماں اور باپ، دونوں ہی کی علم اور ادب سے چاہت بیٹیوں میں ڈھل آئی۔ عائشہ، خدیجہ، ہاجرہ، توصیف۔ بہنیں اور بھائی۔

خدیجہ اور ہاجرہ کی طبیعتوں میں بہت فرق تھا۔ بچپن میں خدیجہ کو وہ سارے شوق بھاتے، جو لڑکوں کے تھے۔ مثلاً لڑنا جھگڑنا، دنگا فساد کرنا، درختوں پر چڑھنا، بھینسوں کے ساتھ تیرنا، گلّی ڈنڈا کھیلنا اور بھی نہ جانے کون کون سے شوق۔ اور یہ سارے کھیل بھی جن بچّوں کے ساتھ مل کر کھیلے جاتے، اُنہیں اُس زمانے کے لحاظ سے "پنچ" کہہ کر پکارا جاتا۔ شاید یہی وجہ تھی کہ خدیجہ کی ایک رشتے کی پھوپی، خدیجہ کی حرکتوں کی بِنا پر کہا کرتیں کہ "ولیوں کے گھر میں ایک بھوت پیدا ہو گیا ہے"، مگر ان باتوں کی پروا کسے تھی۔ زبان ایسے فرّاٹے سے چلتی کہ ہم عُمر بچّے خدیجہ کو "قینچی" کہہ کر چڑاتے۔ خدیجہ کی پٹائی بھی ہوتی اور وہ خُوب روتی دھوتی بھی، تاہم اگلے دن پھر وہی سب کچھ شروع ہو جاتا۔ ابتدائی تعلیم کے لیے بہنوں کو قرآنِ پاک، فارسی اور اُردو کا نصاب پڑھانے مختلف

اوقات میں استاد صاحبان گھر پر آتے۔ پڑھائی کے ساتھ یہ سب شرارتیں بھی جاری رہتیں۔ جب خدیجہ آٹھ برس کی ہوئی، تو کلامِ پاک بھی ختم کر لیا۔ یہی نہیں، سنجیدگی کا لبادہ اوڑھے بچّوں کو کلامِ پاک پڑھانا بھی شروع کر دیا، تاہم اسے ترک بھی جلد ہی کر دیا اور اس کی وجہ، پڑھنے والے بچّوں کی عدم دلچسپی اور اوّل درجے کی کُند ذہنی تھی۔

ہاجرہ ہر معاملے میں خدیجہ کی ضد تھی۔ ملنے جُلنے والوں میں "کم سُخن" مشہور تھیں۔ ہر اُس کھیل سے بھاگتی، جس میں شور شرابا ہو یا جسمانی اٹھا پٹک۔ حد یہ کہ گڑیوں تک سے دل چسپی نہ تھی، جو کہ اُس عُمر میں شاید ہر لڑکی کو ہوا کرتی ہے۔ ہاں، ہاجرہ کو چھوٹے، چھوٹے گھروندے بنانے سے یک گونہ اُلفت ضرور تھی۔ گو، یہی شوق اوّل اوّل خدیجہ کو بھی ہوا، تاہم جلد ہی گھروندے بنانے سے گویا نفرت سی ہوگئی۔ شاید اس کی ایک وجہ یہ بھی رہی تھی کہ خدیجہ جب بھی کوئی گھروندا بناتی، کوئی نہ کوئی شریر بچّہ اُسے توڑ دیتا۔ ہاجرہ کے بچپن کا ایک واقعہ یوں بھی بیان کیا جاتا ہے کہ سب سے بڑی بہن عائشہ نے ایک دن گھر کے باقی بچّوں کو جمع کیا اور بچّوں ہی کے ایک رسالے میں شایع ہونے والی کہانی "سنڈریلا" سُنائی۔ یہ کہانی سب کو اتنی پسند آئی کہ بڑی بہن سے دو، دو تین، تین مرتبہ سُنی گئی۔ ہاجرہ کو تو اتنی پسند آئی کہ اُس نے بڑی بہن سے چوتھی مرتبہ بھی سُنانے کی فرمائش کی، مگر عائشہ نے ہاجرہ کو ڈانٹتے ہوئے کہا کہ "اس سے زیادہ نہیں سُنا سکتی۔ جب بڑی ہو جاؤ، تو خود پڑھ لینا۔" یہ بات شاید ہاجرہ نے گرہ میں باندھ لی اور اُس کے چھوٹے سے ذہن نے سوچا کہ نہ صرف خود کہانی پڑھوں گی، بلکہ لکھوں گی بھی۔

باپ کا بھی یہ حکم تھا کہ بچّیوں کو پہلے تعلیم سے آراستہ کیا جائے اور اُس کے بعد گھر گرہستی سِکھائی جائے۔ یوں بھی گھریلو کاموں کے لیے ملازمین موجود تھے۔ ماں، باپ بچّوں کی تربیت پر دھیان دیتے۔ اسی کے ساتھ اچھا کھانا اور سادہ کپڑے پہننا گویا گھر کا

شعار تھا۔ البتہ تہواروں پر بچّوں کو ریشمی کپڑے بھی پہنائے جاتے، تاہم اس تاکید کے ساتھ کہ اچھائی سادگی میں ہے۔ خدیجہ نے اپنے ماں، باپ کی زبان سے لفظ "پلاٹ" نہ صرف سُن رکھا تھا، بلکہ اُس کے معنی بھی معلوم کر لیے تھے اور سارے گھر میں اِتراتی پھِرتی کہ "میرے ذہن میں کہانیوں کے بہت سارے پلاٹ ہیں۔" باقی گھر والے ہنستے، تاہم والدنے اُس کے شوق کو مدِّ نظر رکھتے ہوئے اُس سے کہا کہ "کہانی کہتی رہو۔" ۱۹۳۶ء کے آس پاس لکھنؤ میں "پرستان" نامی تھیٹر کمپنی آئی۔ باپ نے اپنے ایک دوست سے کہا کہ عائشہ، خدیجہ اور ہاجرہ کو لکھنؤ لے جاؤ تاکہ بچّے خوش ہو جائیں۔ اُس زمانے میں شوکت تھانوی کا افسانہ "سودیشی ریل" پورے ہندوستان میں دھوم مچائے ہوئے تھا اور خدیجہ اور ہاجرہ کے گھر پر بھی اُس کا چرچا تھا۔ اتفاق سے شوکت تھانوی بھی وہیں موجود تھے، یوں بچّوں کی اُن سے ملاقات ہوئی۔ بے تاب اور پارہ صفت خدیجہ نے اُنہیں اپنے "پلاٹوں" کے بارے میں بتایا۔ شوکت تھانوی نے معصومانہ خواہش سُننے کے بعد بچّی کی حوصلہ افزائی کرتے ہوئے کہا کہ "تم ایک دن ضرور لکھو گی۔" غرض، ایک ہنستے مُسکراتے گھرانے کی یہ زندگی سے بھرپور سرگرمیاں جاری تھیں اور اُن سے لُطف لیا جا رہا تھا کہ اچانک تہّور احمد خاں محض اڑتیس برس کی عُمر میں انتقال کر گئے۔ یہ دسمبر ۱۹۳۷ء تھا۔ گھرانے کے لیے زمانے کی گردش گویا رُک سی گئی۔ وقت ایک ایسے موڑ پر لے آیا کہ زندگی جو ذرا پہلے سُہانا خواب دِکھائی دے رہی تھی، بھیانک عذاب کی شکل اختیار کر گئی۔ خوشی و شادکامی کے ساتھ بسر ہونے والی زندگی، یتیمی میں ڈھل گئی۔ باپ کی شکل میں دنیا کا سب سے بڑا سہارا اور زندگی کی تمازت میں شفقت کی گھنی چھاؤں فراہم کرنے والا مضبوط ترین ستون، زمیں بوس ہو گیا۔ گھر کا شیرازہ بکھر کر رہ گیا۔ جب باپ کا سایہ سَر سے اٹھ گیا، تو خانوادے کو ایک بار پھر لکھنؤ کا رُخ کرنا پڑا۔ تاہم اب زندگی کا طور

طریقہ وہ نہ رہا، جو باپ کی حیات میں تھا۔ خانوادے کا واحد مرد، پانچ برس کا توصیف تھا۔ اب زندگی امتحان بن کر سامنے آئی۔ اگر اولاد کے لیے یہ امتحان سخت تھا، تو ایک بیوہ ماں کے لیے شاید سخت ترین۔ آس پاس موجود عزیز اور رشتے دار ایسے میں زخموں پر مرہم تو کیا رکھتے، خود زخم بن گئے۔ اس بے یار و مددگار خانوادے کی جمع پونجی کو ہڑپ کر لیا گیا۔ یتیم بچّے، باپ کے دستِ شفقت سے کیا محروم ہوئے، گویا راحتوں اور خوشیوں ہی سے محروم ہو گئے۔ چھوٹے سے گلشن میں بہار کا موسم آیا ہی تھا کہ خزاں نے ڈیرے جما لیے۔ بیوہ ماں کے پاس اب دو ہی راستے تھے۔ مقدّر کے دُکھوں کے سامنے ہتھیار ڈال دیتیں یا مَردانہ وار اپنے معصوم بچّوں کی خوشیوں کے حصول کی اعصاب شکن جنگ کا آغاز کر دیتیں۔ بالآخر ماں نے عزمِ صمیم کے ساتھ نئی زندگی کے آغاز کا فیصلہ کیا۔ ایک ایسا فیصلہ، جس میں آنے والی زندگی کے ہر ہر دن میں صدیوں کا کرب پوشیدہ تھا۔ اب بچّوں کی خاطر ماں کو باپ کا کردار بھی ادا کرنا تھا۔ جو خوشیاں بچّوں سے روٹھ گئی تھیں، وہ بھی واپس لانا تھیں۔ ایسے میں یہ فیصلہ کیا گیا کہ لکھنؤ میں باپ کے گھر رہا جائے، یوں بچّے اپنے نانا کے گھر آ گئے، جو باپ کے انتقال کے بعد محفوظ ترین پناہ گاہ تھی۔

نانا کے گھر جو لوگ موجود تھے، اُنھوں نے ہاتھوں ہاتھ لیا۔ نانا کے بعد سب سے زیادہ پیار اکلوتے ماموں نے دیا، جو بچّوں کے "ماموں میاں" تھے۔ یہ اس نسبت سے تھا کہ والدہ "باجی امّاں" اور والد "ابّا میاں" کہے جاتے تھے۔ ان ہستیوں کے علاوہ، بچّوں کے سوتیلے والد، مولانا مصطفیٰ خاں مدّاحؔ تھے، جو ادبی دنیا میں "احمق پھپھوندوی" کے نام سے جانے جاتے تھے۔ اکبرؔ کے رنگِ سُخن میں شعر کہتے۔ ہر کسی سے انکساری سے ملنا، شُستہ و شائستہ مذاقِ سُخن اختیار کرنا شعار تھا۔ احسنؔ مارہروی سے شرفِ تلمّذ رکھنے والے احمقؔ پھپھوندوی کے یوں تو بہت سے اشعار مشہور تھے، تاہم کسی وقت میں اس شعر کا

بہت چرچا تھا۔" اہلِ عالم کی نظر میں جو گدھا ہوتا ہے۔۔۔ دورِ انگریز میں شمس العلماء ہوتا ہے۔" "اُن کا ایک اور شعر بھی اپنے تخلّص کی نسبت سے کافی مشہور ہوا تھا،" ادب نوازئ اہلِ ادب معاذ اللہ۔۔۔ مشاعروں میں اب احمق بلائے جاتے ہیں۔"(نوّے کی دہائی کے اوّلین برس، جب ہاجرہ مسرور کے افسانوں کی کُلیات "سب افسانے میرے "شایع ہوئی، تو ہاجرہ نے اُن احسانات کا تذکرہ اپنے قلبی احساسات کی صُورت کچھ یوں کیا" محترم مولانا محمدؐ مصطفیٰ خاں مدّاح مرحوم اور محترمہ کبریٰ بیگم صاحبہ مرحومہ کے نام، جنھوں نے ہماری تپتی ہوئی یتیمی کی دھوپ پر اپنے مہربان وجود کا ٹھنڈا سایہ ڈالا اور جن کے کردار کی عظمت کے نقوش میرے ذہن میں کبھی نہ دھندلا سکیں گے)۔ سوتیلی ماں، سوتیلے بھائی اور منہ بولے نانا بھی غم گُساری اور دِل داری کے لیے موجود تھے۔ ماموں میاں کے دَم سے گھر کا خرچ چلتا تھا۔ کبھی جب وقت پر پیسے نہ ملتے تو ایک بڑا کُنبہ، جس میں اب یتیم بچّوں کی فوج آباد تھی، فاقوں کا سامنا کرتا۔ نانا کا لکھنؤ میں جہاں مکان تھا، وہاں والد کے "پیر بابا" کا مزار بھی تھا۔ ایک بار ماموں میاں کے پیسے آنے میں دیر ہوئی، تو چھوٹے بچّے توصیف نے بابا میاں کے مزار پر رکھے گُلگلے اٹھا لیے اور اُنہیں کھانا ہی چاہتا تھا کہ باجی امّاں نے روک دیا کہ یہ محتاجوں اور مسکینوں کے لیے رکھے جاتے ہیں۔ ماموں میاں کا ایثار دیکھنے سے تعلق رکھتا تھا۔ اپنی بیوہ بہن اور معصوم بھانجیوں اور بھانجے کے لیے اُنہوں نے بیس برس سے بھی کم عُمر میں پردیس کا سفر اختیار کیا کہ وہاں سے زیادہ پیسے کما کر گھر بھیجے جا سکتے تھے۔ ایسا ہوا بھی، تاہم ایک ہی سال کے اندر پردیس میں آنتوں کی بیماری لاحق ہوئی اور جب وہ وطن واپس لَوٹے، تو وہی بیماری اوڑھ کر ہمیشہ کی نیند سو رہے۔

رفتہ رفتہ زندگی معمول پر آنا شروع ہوئی۔ دوسری عالم گیر جنگ نے پوری دنیا کو

اپنے نرغے میں لیا ہوا تھا۔ ایسے میں سِسکتا، بلکتا اور تڑپتا ہندوستان کیوں نہ متاثّر ہوتا۔ زمانہ اس حد تک پُر آشوب تھا اور شورش پسندی کی طرف مائل تھا کہ کم سِن بچّے تک وقت سے پہلے شعور کی دہلیز پر قدم رکھتے دِکھائی دیتے تھے۔ سیاسی، سماجی اور ادبی اُفق پر ایک سے ایک ستارہ جگمگا رہا تھا۔ سیاسی میدان میں مسلم لیگ اور کانگریس ایک دوسرے سے نبرد آزما تھیں۔ سماجی سطح پر غیر منقسم ہندوستان میں تیزی سے تبدیلیاں رونما ہو رہی تھیں، جب کہ شعری فضا میں جوشؔ ملیح آبادی کی ہنگامہ خیز نظمیں سب کے دِلوں میں آزادی کی اُمنگ کو جوان سے جوان تر بنا رہی تھیں۔ بیس ویں صدی آتے آتے خواتین کی سرگرمیاں، انیس ویں صدی کے مقابلے میں بیس گُنا بڑھ چکی تھیں۔

قسمت کی خوبی کہ ہاجرہ اور خدیجہ دونوں کی قلم سے نسبت کا آغاز ایک ہی دن ہوا۔ ۱۹۴۰-۴۱ء کا زمانہ تھا۔ گھٹائیں اُمڈ اُمڈ کر آ رہی تھیں۔ اور پھر یکا یک مینہ برسنے لگا۔ ایسے میں خدیجہ نے ہاجرہ سے کہا کہ یہ موسم احساسات کے اظہار کا ہے۔ آؤ، ہم بھی کچھ لکھیں۔ سو، گیت لکھنے کی مشق سے ابتدا کی، مگر بات نہ بنی۔ اگرچہ خدیجہ اس سے پیش تر بھی بچّوں کے لیے چھوٹے، چھوٹے گیت لکھنے کی کوشش کر چکی تھی کہ جس میں جزوی کام یابی بھی حاصل ہوئی تھی۔ تاہم اُس کوشش کو جاری رکھنے کی کوئی خاص تحریک بیدار نہ ہو سکی۔ اس مرتبہ بھی خدیجہ نے یہی کہا کہ شاعری تو نہیں ہو سکتی، افسانہ لکھ کر دیکھتے ہیں۔ ہاجرہ نے پہلے تو پس و پیش کیا، تاہم بہن کی ہمّت افزائی کے بعد تیار ہو گئی اور دونوں بہنوں نے ایک دوسرے سے منہ موڑ کر لکھنا شروع کیا۔ ہاجرہ نے اپنے ذہن کی پوری قوّت کو کام میں لاتے ہوئے نیلگوں آسمان کی وسعتوں، اُن وسعتوں میں پرواز کرنے والے اور نظروں کو بھلے لگنے والے سفید کبوتروں اور بادلوں میں اُڑنے والی رنگین پتنگوں کی کہانی سُناتے سُناتے ایک سوال کیا کہ کیا ان خُوب صُورت مناظر میں سیاہی

بھرتے ہوئے اور پورے منظر نامے کو بھیانک رُوپ دیتے ہوئے اور تباہی پھیلاتے ہوئے سَروں پر پرواز کرنے والے موت کے جہازوں کو روکنے والا کوئی نہیں ہے؟ پرچے کے مُدیر کو اُس زمانے کے عین مطابق لکھی گئی ایک معصومانہ تحریر نے بے حد متاثر کیا اور یوں یہ تحریر شایع ہو گئی۔ پھر تو دونوں بہنوں کی خوشی کا پوچھنا کیا۔ یہ گویا ایک سفر کا آغاز تھا۔ ماں باپ کی تربیت اور گھر کی ادبی فضا کے باعث حرف سے آشنائی اور قلم سے شناسائی تو تھی ہی، طبیعت کی خود ساختہ تحریک کے باعث محض چند دن کے اندر مزید دو باقاعدہ افسانے بھی سامنے آ ہی گئے۔ خدیجہ کا افسانہ "صہبا" اور ہاجرہ کا "لاوارث لاش"۔ دونوں بہنوں کو ایک دوسرے کے افسانے سُن کر ایک سرشاری کی سی کیفیت طاری رہی۔ پھر طے کیا گیا کہ دلّی میں مقیم ایک ادبی حیثیت کے مالک عزیز کو یہ افسانے بھیجے جائیں، تا کہ وہ اُن کی اشاعت کا بندوبست کریں۔ مذکورہ عزیز نے افسانے پڑھنے کے بعد ایک خط میں دونوں بہنوں کو نصیحت کی کہ "پردے دار اور شریف گھرانوں کی مسلمان بیٹیوں کو اس قسم کی باتیں زیب نہیں دیتیں۔" ماں آڑے آئیں اور بیٹیوں سے کہا کہ اپنا شوق جاری رکھو۔ ۱۹۴۲ء کی ابتدا تھی۔ خدیجہ نے اپنا افسانہ کسی پرچے میں شایع ہونے بھیجا۔ افسانہ تو شایع نہ ہو سکا، تاہم خدیجہ کے نام وہ پرچہ بھیج دیا گیا۔ اُس کی بھی خدیجہ کو ایسی سرشاری رہی کہ پورے دن بھوک پیاس سے بے نیاز پرچے کو اپنے ہاتھ میں پکڑے رہی۔ اگلا افسانہ ایک زنانہ پرچے میں بھیجا گیا، جو عورتوں کے پردے کے حق میں تھا۔ افسانہ شایع بھی ہو گیا۔ یہ وہ وقت تھا کہ افسانے کی وسیع دنیا میں عِصمت چغتائی، مَردوں کے تسلّط جمائے ہندوستانی معاشرے پر اپنی شخصیت کی چھاپ قائم کرتی نظر آ رہی تھیں۔ گو اُن سے قبل بھی ادبی دنیا میں خواتین افسانہ نگار اور شاعر اپنے نام اور کام سے ہندوستانی سماج کی توجّہ اپنی طرف مبذول کروا چکی تھیں، مگر عصمت چغتائی نے تو گویا میدان ہی مار لیا

تھا۔ یوں مختلف رجحان ساز خواتین قلم کاروں کی موجودگی میں اپنی تحریروں کے ذریعے اپنی شناخت بنانا، ایک کارِ دشوار سے ہرگز کم نہ تھا۔ تاہم، خدیجہ اور ہاجرہ نے اُس کارِ دشوار کو "جذبہ کارِ مسلسل" کی مہارت سے جاری رکھا۔ برّ صغیر کے مشہور پرچے "ساقی" میں ہاجرہ کا افسانہ "بندر کا گھاؤ" شایع ہوا۔ بہت سے حلقوں میں اس کی تحسین ہوئی۔ احمد ندیم قاسمی "پھول" اور "تہذیبِ نسواں" جیسے وقیع پرچوں کی ادارت کے بعد اُن دنوں "ادبِ لطیف" کے مُدیر تھے۔ اُنہوں نے جب یہ افسانہ پڑھا، تو ہاجرہ کو خط لکھا اور فرمائش کی کہ "ادبِ لطیف" کے لیے بھی کوئی افسانہ بھیجیں۔ چناں چہ خدیجہ اور ہاجرہ نے اُنہیں اپنے افسانے بھیجے اور یوں اُن کی احمد ندیم قاسمی سے ہونے والی شناسائی بڑھتے بڑھتے گہری قُربت میں تبدیل ہو گئی، ایسی قُربت جس میں بھائی، بہنوں کا سا پیار تھا۔ اب دونوں بہنوں کے قدم افسانے کی دنیا میں برق رفتاری سے آگے بڑھنے لگے۔

۱۹۴۴ء کا سال تھا، جب ہاجرہ کے افسانوں کا پہلا مجموعہ، "چرکے" شایع ہوا۔ اب خدیجہ اور ہاجرہ کو اپنی تحریروں سے کچھ نہ کچھ آمدنی بھی ہونے لگی تھی۔ اگرچہ یہ زیادہ نہ تھی، پھر بھی کچھ نہ ہونے سے، کچھ ہونا بہت بہتر تھا۔ اب صُورت یہ تھی کہ کفایت کے ساتھ، کفالت بھی کرنا تھی، چناں چہ یہ سلسلہ جاری رہا۔ رفتہ رفتہ حاصل ہونے والی نام وَری کچھ نہ کچھ مالی آسودگی عطا کرنے کی منزل پر آ گئی۔ اسی زمانے میں ہندوستان کے شعری اُفق پر ساحر لدھیانوی کا پہلا مجموعہ کلام "تلخیاں" منظرِ عام پر آ چکا تھا۔ اکثر شعر لوگوں کی زبان پر چڑھ چکے تھے۔ "تنگ آ چکے ہیں کش مکشِ زندگی سے ہم۔۔۔ ٹھکرا نہ دیں جہاں کو، کہیں بیدلی سے ہم"، "ابھی نہ چھیڑ محبّت کے گیت اے مُطرب۔۔۔ ابھی حیات کا ماحول خوش گوار نہیں۔" "آشنائیاں کیا، کیا" میں ممتاز ترقّی پسند ادیب، حمید اختر نے تحریر کیا ہے کہ "جب ۱۹۴۶ء میں ساحر اور ہاجرہ کی شادی کا معاملہ چل رہا تھا، تو اُس

وقت ہاجرہ کی شہرت، ساحر کے مقابلے میں بہت زیادہ تھی۔" ہاجرہ نے حمید اختر کی فلم، " آزادی کی راہ پر" کے لیے ساحر، ابراہیم جلیس اور حمید اختر کے ساتھ مل کر اُس کے مکالمے بھی لکھے تھے۔ ۱۹۴۶ء کا سال آیا۔ برّ صغیر کی دو بڑی سیاسی جماعتیں وقت کے سب سے بڑے سیاسی معرکے میں ایک دوسرے کے مقابل آئیں۔ کانگریس اور مسلم لیگ دونوں کی خواہش تھی کہ ہندوستان سے انگریزوں کو نکالا جائے۔ دونوں سیاسی جماعتیں سمجھتی تھیں کہ انگریز اُن کے وطن کی دولت کو نہ صرف دونوں ہاتھوں سے لُوٹ رہے ہیں، بلکہ ہندوستانیوں پر ظلم و ستم کے پہاڑ بھی توڑے جا رہے ہیں۔ دونوں جماعتیں سیاسی جدوجہد کی طویل تاریخ بھی رکھتی تھیں۔ یوں یہ کہا جا سکتا ہے کہ مقصد دونوں کا ایک، مگر حکمتِ عملی مختلف تھی۔ بہر حال، اس معرکے کا آغاز ہوا۔ مسلم لیگ نے ان انتخابات میں فقید المثال کام یابی حاصل کی۔ انتخابات میں دونوں بہنوں نے مسلم لیگ کی رضاکار کے طور پر انتخابی سرگرمیوں میں بڑھ چڑھ کر حصّہ لیا۔ ۱۹۴۷ء کا تاریخی سال ہندوستان کے نقشے کو ہمیشہ کے لیے بدل دینے کا سال ثابت ہوا۔ ایک نئی مملکت کا قیام عمل میں آیا۔ قائدِ اعظم، محمّد علی جناح جو پوری تحریکِ آزادی کے کارواں میں میر کارواں کی حیثیت رکھتے تھے، مملکتِ خداداد، پاکستان میں گورنر جنرل کے طور پر زمامِ کار سنبھالنے کے بعد نئی مملکت کو سامنے آنے والے مشکل ترین مسائل کے حل میں شب و روز منہمک ہو گئے۔ پاکستان کی جانب ہجرت کرنے والوں کے قافلے پہ قافلے چلے آتے تھے۔ اُن ہی لوگوں میں خدیجہ اور ہاجرہ کے اہلِ خانہ بھی تھے، جو لکھنؤ کو خیرباد کہہ کر نئی مملکت، پاکستان میں اس اُمید کے ساتھ داخل ہوئے کہ شاید وہاں معاشی حالات بہتر ہو جائیں۔ لکھنؤ سے ساحلی اور تجارتی شہر، بمبئی (اب ممبئی) تا کراچی، جو اُس نئی مملکت کا اوّلین دارالحکومت تھا اور پھر وہاں سے تاریخی شہر، لاہور کا رُخ کیا۔

خدیجہ مستور اور ہاجرہ مسرور، افسانہ نگار بہنیں ۱۹۴۰ء کی تصویر: (اوپر) منور جہاں، پہلی قطار میں بائیں طرف سے عائشہ، خدیجہ، ہاجرہ، دوسری قطار میں طاہرہ، عابدہ، شاہدہ

ہندوستان میں اوّل خوش و خرّم اور ثانیاً نشیب و فراز سے پُر زندگی گزار کر پاکستان چلے آنا، کوئی معمولی فیصلہ نہیں تھا۔ دونوں بہنوں کے لیے ہندوستان میں ادبی فضا ساز گار تھی۔ اُن کے نام مقبولیت کی صف میں جگہ پا چکے تھے۔ ملنے جُلنے والوں کا حلقہ وسیع تر ہو چلا تھا، تاہم، ایک چیز غیر واضح تھی اور وہ تھے، وہاں کے سیاسی حالات۔ پاکستان بننے کے بعد وہاں مسلمانوں کے لیے بہت سے مقامات پر جگہ تنگ ہو چکی تھی۔ یوں ان تمام عوامل کو پیشِ نظر رکھنے کے بعد ہندوستان سے ترکِ وطن کرنے اور پاکستان کی طرف کوچ کیے جانے کا فیصلہ کیا گیا۔

پاکستان میں قدم رکھتے ہی خوش قسمتی سے مشہور افسانہ نگار اور شاعر، احمد ندیم قاسمی کی اخلاقی اور قلمی معاونت میسّر آئی۔ اُن دنوں احمد ندیم قاسمی نسبت روڈ، لاہور میں سکونت گزیں تھے۔ اُنہوں نے دریا دلی، فیّاضی، ایثار اور مہمان نوازی کا بھرپور ثبوت دیتے ہوئے اپنے گھر کے دروازے دونوں بہنوں اور اُن کے اہلِ خانہ کے لیے اپنے دِل کی طرح کشادہ کر دیے۔ احمد ندیم قاسمی لاہور کی ادبی فضا پر سکّۂ رائج الوقت کی طرح راج کر رہے تھے۔ شاید یہی وجہ تھی کہ جس کی بِنا پر دونوں بہنوں کو لاہور میں مضبوطی سے قدم جمانے میں کوئی خاص دشواری پیش نہیں آئی۔ لاہور میں تقسیمِ ہند کی وجہ سے مہاجرین کی مسلسل آمد کا سلسلہ بھی جاری تھا۔ اسی کے ساتھ، اُس عہد کے قد آور شاعر اور ادیب بھی وہاں موجود تھے۔ تقسیم کے ہنگامے، تباہ کاری، آگ و خون کی ہولی شاعروں، ادیبوں اور نقّادوں کا پسندیدہ موضوع تھا، سو، ادبی و شعری و افسانوی دنیا

میں یہی موضوع مسلسل لکھا، پڑھا اور گفتگو میں لایا جا رہا تھا۔ احمد ندیم قاسمی سے دونوں بہنوں کے مراسم تقسیمِ ہند سے پہلے ہی قائم ہو چکے تھے۔ اُن کی رہنمائی میں ترقّی پسند تحریک کے لیے بھی کام کرنا شروع کیا، جس کی وجہ سے جلد ہی حکومت کی نظر میں آکر معتوب قرار پائیں۔ کچھ وقت بعد اُنھوں نے احمد ندیم قاسمی کی معیت میں مشہور ادبی جریدے، "نقوش" میں ادارتی فرائض بھی انجام دیے۔

پاکستان آنے کے بعد، دونوں بہنوں نے قلم سے اپنا رشتہ مزید مستحکم کیا اور پے در پے اپنی تخلیقات سے اہلِ ادب کو نوازا۔ خدیجہ مستور کا پہلا ناول، "آنگن" ۱۹۶۲ء میں سامنے آیا۔ تقسیمِ ہند کے موضوع پر لکھا گیا یہ ناول، بہت مشہور ہوا۔ وحید اختر نے "سخن گسترانہ بات" میں "آنگن" پر گفتگو کرتے ہوئے تحریر کیا ہے "خدیجہ مستور کا آنگن، اس لیے کام یاب ہے کہ اُنھوں نے کوئی بڑا مطالعہ طلب موضوع چُننے کے بجائے، اپنے تجربات کی محدود دنیا ہی کو موضوع بنایا اور اس لحاظ سے آنگن اُردو کے کام یاب ترین ناولوں میں سے ایک ہے۔" خدیجہ مستور کا ایک اور ناول، "زمین" (۱۹۸۷ء) بھی ہے۔ اس کے علاوہ، افسانوی مجموعے "بوچھار"، "چند روز اور"، "تھکے ہارے"، وغیرہ شامل ہیں۔ ہاجرہ کے افسانے "تیسری منزل"، "اندھیرے اجالے"، "چرکے"، "چوری چُھپے"، "چاند کے دوسری طرف"، "ہائے اللہ "شامل ہیں۔ ہاجرہ کے افسانوں پر اظہارِ خیال کرتے ہوئے ممتاز نقّاد، وقار عظیم اپنی کتاب "نیا افسانہ" میں یوں گویا ہوتے ہیں "ہاجرہ کو فنی نقطۂ نظر سے ضروری اور غیر ضروری اور اہم اور غیر اہم میں پوری طرح فرق کرنا آتا ہے۔ اس لیے ان کے واقعات میں افسانوں کی ترتیب پوری طرح سوچی سمجھی ہوئی ہونے کے باوجود، تصنّع کے بوجھ سے خالی ہوتی ہے اور ہر چیز بڑی دھیمی اور موزوں رفتار سے چل کر اپنی منزل پر پہنچتی ہے۔" خدیجہ اور ہاجرہ دونوں ہی نے ادبی دنیا

میں اپنے نقشِ قدم ایسے ثبت کیے کہ آج بھی اُردو ادب میں ناولز اور افسانوں کی تاریخ اُن کے تذکرے کے بغیر ادھوری سمجھی جائے گی۔ قُراۃ العین حیدر نے "کارِ جہاں دراز ہے" میں تحریر کیا ہے "ترقّی پسند تحریک کے آغاز میں عصمت آپا کے بعد دو نام ڈنکے کی چوٹ پر سامنے آئے۔ وہ ہاجرہ اور خدیجہ مستور کے تھے۔ اُن کے علاوہ، صدیقہ بیگم سہواری اور تسنیم سلیم چھتاری نے بھی لکھا۔ ممتاز شیریں نے چند طویل افسانے قلم بند کیے، لیکن اُن کا اصل میدان تنقید تھا۔ خدیجہ اور ہاجرہ نیچرل رائٹر (فطری لکھاری) تھیں۔ اُن کے یہاں آورد کے بجائے، آمد ہی آمد تھی اور ان کے افسانے اُردو کی افسانوی ادب میں اہم اضافہ ثابت ہوئے۔"

دونوں بہنوں سے بڑی اور سات بہنوں میں سب سے بڑی بہن، عائشہ جمال تھیں۔ اُنھوں نے خود بھی افسانے تحریر کیے اور "گردِ سفر" کے عنوان سے اُنہیں کتابی شکل بھی عطا کی، تاہم خدیجہ اور ہاجرہ کی شہرت کے سامنے اُن کا ادبی چراغ پورے طور پر روشن نہ ہو سکا۔ عائشہ جمال کی پہلی شادی تقسیمِ ہند سے قبل کے گلوکار، جی ایم درّانی سے ہوئی، جو بمبئی فلم انڈسٹری سے بہ طور میوزک ڈائریکٹر وابستہ تھے۔ ایک بیٹی ہوئی، جس کا نام، صبوحی تھا۔ دوسری شادی مسٹر رحمان سے ہوئی، جن سے ایک بیٹی، عکسی رحمان تھیں۔ خدیجہ مستور کی شادی، ظہیر بابر سے انجام پائی۔ ظہیر بابر، مشہور افسانہ نگار اور شاعر، احمد ندیم قاسمی کے بھانجے ہونے کے علاوہ، ایک ممتاز صحافی بھی تھے۔ اُن کے دو بچّے تھے۔ بیٹے کا نام، پرویز بابر تھا، جو پی آئی اے میں ملازم تھے۔ اب حیات نہیں ہیں۔ بیٹی، کرن بابر تھیں۔ پی ٹی وی میں سیٹ ڈیزائنر تھیں۔ یہ بھی حیات نہیں ہیں۔ ہاجرہ مسرور کی شادی مشہور صحافی، احمد علی خاں سے ہوئی، جو اُن دنوں "پاکستان ٹائمز" سے وابستہ تھے۔ احمد علی خاں کا شمار انگریزی صحافت کے درخشندہ ترین ستاروں میں کیا جاسکتا

ہے۔ معاصر انگریزی اخبار، روزنامہ "ڈان" کی وقعت اور توقیری میں احمد علی خاں صاحب کا کلیدی حصّہ ہے۔ اُنہیں اخبار کے سب سے زیادہ مدّت تک مدیر رہنے کا اعزاز بھی حاصل ہے۔ اُن کی دو بیٹیاں ہیں۔ ڈاکٹر نوید احمد طاہر تعلیمی میدان میں نمایاں مقام کی حامل ہیں۔ ڈائریکٹر ایریا اسٹڈی سینٹر فار یورپ، یونی ورسٹی آف کراچی سے ریٹائر ہوئیں۔ ڈاکٹر نوید احمد طاہر نے اپنے نام وَر باپ، احمد علی خاں کی انگریزی زبان میں تحریر کی گئی خود نوشت "In Search of Sense: My Years as a Journalist" کو یوں پایۂ تکمیل تک پہنچایا کہ کتاب کے سات ابواب مکمّل ہوئے ہی تھے کہ احمد علی خاں انتقال کر گئے۔ یوں اگلے دو ابواب ڈاکٹر نوید احمد طاہر نے مکمّل کیے۔ خدیجہ اور ہاجرہ کے سلسلے میں کسی بھی درکار معلومات کو متعلقہ شخص تک پہنچانے کا مشکل کام ڈاکٹر نوید احمد طاہر بہت خوش اُسلوبی سے انجام دیتی ہیں۔ اُن کے شوہر، طاہر سعید نجی ادارے سے ایک اعلیٰ عُہدے دار کے طور پر ریٹائر ہوئے۔ ہاجرہ مسرور کی چھوٹی بیٹی، نوشین احمد اپنے شوہر طارق احسن کے ساتھ کینیڈا میں سکونت اختیار کیے ہوئے ہیں۔ ہاجرہ مسرور سے چھوٹی بہن، طاہرہ عابدی تھیں۔ طاہرہ کے شوہر، حسن عابدی تقسیم ہند سے قبل ترقّی پسند تحریک کے سرگرم کارکن رہے تھے۔ مزدور تحریکوں سے بھی دِلی ہم دردی رہی۔ جون پور، یوپی، انڈیا میں ۱۹۲۹ء میں پیدا ہوئے۔ اعظم گڑھ اور الٰہ آباد میں تعلیم پائی۔ نام وَر ادیبوں، شاعروں، صحافیوں اور دانشوروں کو قریب سے دیکھا اور اُن سے اکتسابِ کیا۔ ۱۹۴۸ء میں ترکِ وطن کر کے پاکستان آگئے۔ یہاں سیّد سجّاد ظہیر کا اس حد تک اعتماد حاصل رہا کہ جب "راول پنڈی سازش کیس" میں اوّل اوّل سیّد سجّاد ظہیر کی گرفتاری کے احکام آئے تو وہ زیرِ زمین تھے اور کئی دن تک پولیس کی نظروں سے اوجھل رہے۔ اُن کے بارے میں صرف حسن عابدی کو علم تھا، سو اُنہیں پولیس نے اُٹھا لیا اور ہر

ممکن طریقے سے سجّاد ظہیر کا پتا معلوم کرتی رہی، تاہم حسن عابدی نے اقرار نہ کیا۔ پاکستان بننے کے بعد، پہلے عشرے میں ترقّی پسند تحریک سے پُرجوش وابستگی رہی۔ ۱۹۵۵ء میں روزنامہ "آفاق" سے صحافتی سفر شروع کیا۔ اس کے بعد، "لیل و نہار" میں کام کیا، جہاں فیض احمد فیضؔ اور سید سبطِ حسن کی رفاقت میسّر آئی۔

خدیجہ مستور اور ہاجرہ مسرور، افسانہ نگار بہنیں

کراچی آنے کے بعد بھی مختلف اخبارات سے وابستہ رہے، مگر طویل ترین وابستگی معاصر انگریزی اخبار، روزنامہ "ڈان" سے رہی، جہاں اُن کے تحریر کیے جانے والے ادبی کالم اور تبصرے توجّہ سے پڑھے جاتے رہے۔ "نوشتِ نَے" (۱۹۹۵ء)، "جریدہ" (۱۹۹۸ء)، "فرار ہونا حرف کا" (۲۰۰۴ء) اُن کی تخلیقات ہیں۔ اُن کی یادداشتوں پر مبنی کتاب، "جُنوں میں جتنی بھی گزری" ایک پورے ہنگامہ خیز عہد کی داستان ہے۔ اس کتاب کو ممتاز دانش وَر، ڈاکٹر سیّد جعفر احمد نے گفتگو کی صُورت مرتّب کیا ہے۔ قید و بند کی صعوبت کے دَوران کہا گیا اُن کا ایک شعر بے حد مشہور ہوا۔ اِک عجب بُوئے نَفَس آتی ہے دیواروں سے۔۔۔ ہائے زنداں میں بھی کیا لوگ تھے ہم سے پہلے۔ حسن عابدی ۲۰۰۵ء میں انتقال کر گئے۔ طاہرہ عابدی اور حسن عابدی کے تین بچّوں میں سے نبیلہ عابدی انتقال کر چکی ہیں۔ ایک بیٹا، طاہر عابدی اور بیٹی، ارم ہیں۔ طاہرہ عابدی سے چھوٹے بھائی، توصیف احمد خاں تھے، جو انتقال کر چکے ہیں۔ اُن کے چار بچّے ہیں۔ بیٹی، نویرہ خان سماجی حوالے سے بہت متحرّک رہی ہیں اور ہیومن رائٹس کے سلسلے میں فعال کردار ادا کیا ہے۔ بیٹے، سرمد خان دبئی کے ایک اخبار سے وابستہ ہیں اور معاشی تجزیہ کار کی حیثیت سے شہرت کے حامل ہیں۔ اس کے بعد بیٹی، سمیرہ اور بیٹا منصور ہیں، جو زندگی کی گھما گھمی میں مصروف ہیں۔ شاہدہ خیری کی شادی حبیب وہاب الخیری ایڈووکیٹ سے

ہوئی۔

وہاب الخیری، پاکستان کی عدالتی تاریخ کے چند دِل چسپ کیسز کے متحرک کردار بھی رہے ہیں۔ شاہدہ خیری اور وہاب الخیری کی اولاد میں بیٹا، اویس خیری اور بیٹی، سارہ خیری شامل ہیں۔ سارہ اِن دنوں دبئی میں ہیں۔ شاہدہ خیری سے چھوٹی بہن، عابدہ تھیں، جو پندرہ برس کی عُمر میں انتقال کر گئیں۔ بہن بھائیوں میں سب سے چھوٹے، خالد احمد تھے، جن کی شادی ربانہ سے انجام پائی۔ ان کی اولاد میں بیٹی، ندا اور بیٹے، جاہد احمد اور نمر احمد شامل ہیں۔ خالد احمد کی وجہ شہرت شاعری تھی۔ واپڈا میں پبلک ریلیشنگ آفیسر کے طور پر بھی خدمات انجام دیں۔

***

ایک اور باغی، ایک اور سفر

مختار آزاد

بر صغیر میں حقوقِ نسواں کی علمبر دار ممتاز افسانہ نگار ہاجرہ مسرور ستمبر ۲۰۱۲ میں کراچی میں تراسی سال کی عمر میں انتقال کر گئیں۔

خود کو دہائیوں سے گوشہ نشین کر لینے والی اُردو کی نامور ادیب کے افسانوں اور مختصر کہانیوں کے کم از کم سات مجموعے شائع ہوئے۔ ادب کے نقاد ان کے شہرہ آفاق افسانوں میں سے ایک 'خر من' کو قرار دیتے ہیں۔

ہاجرہ مسرور کے افسانوں اور مختصر کہانیوں کے موضوعات سماج و سیاست، قانون و معیشت کی ناہمواریوں اور، خواتین کے استحصال کے گرد گھومتے ہیں۔ یہی وجہ ہے کہ بر صغیر میں اُردو ادب کی اس ممتاز افسانہ نگار کو حقوقِ نسواں کی علمبر دار کہا جاتا ہے۔

ہاجرہ مسرور کو اُن کی ادبی خدمات کے اعتراف میں متعدد اعزازات سے نوازا گیا۔

حکومتِ پاکستان نے ادب کے شعبے میں ان کی نمایاں خدمات پر سن انیس سو پچانوے میں 'تمغہ حُسنِ کارکردگی' دیا۔ انہیں 'عالمی فروغِ اُردو ادب ایوارڈ' بھی دیا گیا تھا۔ ہاجرہ مسرور نے پاکستانی فلمی صنعت کے اچھے دنوں میں کئی فلموں کے اسکرپٹ بھی لکھے۔ ان کے ایک اسکرپٹ پر پاکستانی فلمی صنعت کا سب سے بڑا اعزاز 'نگار ایوارڈ' بھی دیا گیا۔ انہوں نے اُنیسو پچپنسٹھ میں بننے والی پاکستانی فلم 'آخری اسٹیشن' کی کہانی بھی لکھی

تھی۔ یہ فلم معروف شاعر سرور بارہ بنکوی نے بنائی تھی۔

ان کے افسانوں کا مجموعہ اُنیسو اکیانوے میں لاہور کے ایک ناشر نے 'میرے سب افسانے' کے عنوان سے شائع کیا تھا۔ افسانوں اور مختصر کہانیوں کے علاوہ انہوں نے ڈرامے بھی لکھے تھے۔ چند سال قبل آ کسفورڈ یونیورسٹی پریس نے بچوں کے لیے لکھی اُن کی کئی کہانیاں کتابی شکل میں شائع کی تھیں۔

ہاجرہ مسرور نے گھر کے اچھے دنوں میں آنکھ کھولی مگر بہت جلد ان کا گھرانہ نامساعد حالات کا شکار ہوا اور انہوں نے سخت حالات میں پرورش پائی۔ ان کا آبائی تعلق ہندوستان کے مرکزِ علم و ادب لکھنو سے تھا۔ ان کے والد ڈاکٹر تہور احمد خان برطانوی فوج میں ڈاکٹر تھے۔ پیدائش کے کچھ سالوں بعد دل کے دورے سے ان کے والد انتقال کر گئے اور خاندان کی ذمہ داری اُن کی والدہ کے کاندھوں پر آ گئی۔

ہاجرہ کی والدہ کٹھن وقت میں نہایت باہمت خاتون ثابت ہوئیں۔ انہوں نے اپنے چھ بچوں کی تربیت اور پرورش نہایت اچھے انداز میں کی۔

یہ کُل پانچ بہنیں اور ایک بھائی تھے۔ ان کی چھوٹی بہن خدیجہ مستور بھی اُردو کی معروف ادیب تھیں۔ اُردو ادب کا تذکرہ ان دونوں بہنوں کے بغیر نامکمل رہے گا۔

تقسیمِ ہند کے بعد ہاجرہ بہن خدیجہ کے ساتھ پاکستان آ گئیں اور لاہور میں سکونت اختیار کر لی۔ اُس زمانے میں لاہور پاکستان کی ادبی سرگرمیوں کا مرکز تھا اور خود ہاجرہ بطور کہانی و افسانہ نگار اپنا عہد شروع کر چکی تھیں۔ ادبی حلقوں میں اُن کی پہچان ہو چکی تھی۔ ہاجرہ نے بچپن سے ہی مختصر کہانیاں لکھنا شروع کر دی تھیں جو اپنے وقت کے معروف اُردو ادبی رسائل میں شائع ہوتی تھیں۔ ان کی کہانیوں کو ادبی حلقوں میں ابتدا سے ہی بہت پذیرائی حاصل رہی تھی۔

ہاجرہ لاہور میں معروف ادیب احمد ندیم قاسمی کے ساتھ مل کر ادبی جریدہ 'نقوش' مرتب کرتی تھیں۔ قاسمی صاحب کی دونوں ادیب بہنوں ہاجرہ اور خدیجہ سے بہت اچھی دوستی تھی۔

ہاجرہ مسرور کی تحریریں معاشرے کی منفاقتوں کی کھل کر عکاسی کرتی تھیں، جس پر انہیں بھی منٹو اور عصمت چغتائی کی طرح سماج کے قدامت پسند حلقوں کی طرف سے بدترین تنقید کا نشانہ بنایا جاتا تھا۔ اُردو ادب میں ان کی شناخت روایت شکن تحریریں ہیں جو تیز دھار خنجر کی مانند معاشرے پر پڑے وہ پردے چاک کر دیتی تھی، جس کی آڑ میں صنفِ نازک کا استحصال ہوتا ہے۔

سن انیسو اکھہتر میں انہوں نے معروف صحافی احمد علی سے شادی کی۔ اُس وقت وہ انگریزی روزنامہ 'پاکستان ٹائمز' کے ایڈیٹر تھے۔ انیس سو تھہتر میں احمد علی نے بطور ایڈیٹر روزنامہ 'ڈان' جوائن کیا اور کراچی آ گئے۔ وہ اٹھائیس برس تک ڈان کے ایڈیٹر رہے۔ ان کا انتقال ستائیس مارچ، دو ہزار سات کو ہوا۔ حاجرہ اور احمد علی کی دو بیٹیاں ہیں۔ ایک نوید احمد طاہر اور دوسری نوشین احمد ہیں۔

کئی برس تک لاہور میں سرگرم ادبی زندگی بسر کرنے والی ہاجرہ مسرور نے شادی کے بعد خود کو گھر تک محدود کر لیا۔ ان کی ادبی سرگرمیاں ختم ہو چکی تھیں اور وہ مکمل طور پر خانہ دار خاتون بن گئی تھیں۔

کئی دہائیوں کی گوشہ نشینی کے بعد پہلی بار، پُرزور اصرار پر وہ کئی سال پہلے لاہور کے گورنمنٹ کالج میں منعقدہ تقریب ایک ادبی تقریب میں شریک ہوئیں۔ یہ تقریب برِ صغیر کی معروف ادیبہ قرۃ العین حیدر کے اعزاز میں منعقد ہوئی تھی۔

مکمل گوشہ نشینی کی زندگی بسر کرنے والی روایت شکن ادیبہ کے بارے میں نئی نسل

کو شاید کچھ زیادہ علم نہیں۔ اس حوالے سے مرحومہ کی صاحبزادی نے ایک دلچسپ انکشاف کیا ہے۔

ڈان ٹی وی اُردو سے گفتگو کرتے ان کا کہنا تھا تقریباً آٹھ سال پہلے معروف ادیبہ اور شاعرہ کشور ناہید ٹی وی کیمرہ کے ساتھ اُن کے گھر آئی تھیں۔ انہیں امید نہ تھی کہ وہ انٹرویو دینے سے انکار کریں گی، مگر انہوں نے ایسا کیا اور کشور ناہید کو مایوس لوٹنا پڑا۔

ہاجرہ مسرور کی کہانیوں اور افسانوں پر مشتمل کم از کم سات مجموعے شائع ہوئے، ان میں 'چاند کے دوسری طرف'، 'تیسری منزل'، 'اندھیرے اُجالے'، 'چوری چھپے'، 'ہائے اللہ'، 'چرکے' اور 'وہ لوگ' شامل ہیں۔

* * *

منتخب شخصی خاکوں کا ایک یادگار مجموعہ

کیا خوب آدمی تھے

مرتبہ : سید حیدر آبادی

بین الاقوامی ایڈیشن منظر عام پر آچکا ہے